LA ECONOMÍA
DE LA ABUNDANCIA

LA ECONOMÍA DE LA ABUNDANCIA

(YOU ARE MY HOPE)

Rediseñar la economía
para evitar el colapso desde una nueva consciencia

Jorge Neri

 Rigden

Título original: *La economía de la abundancia*

Diseño de cubierta: Opal Works BCN

© 2026, Jorge Neri Bonilla

Publicado por acuerdo con el autor

De la presente edición en castellano:
© Rigden Edit, S.L. 2026
　Alquimia, 6 - 28933 Móstoles (Madrid) - España
　www.grupogaia.es - E-mail: grupogaia@grupogaia.es

Primera edición: abril de 2026

Depósito legal: M. 8.738-2026
I.S.B.N.: 979-13-991199-7-8

Impreso en España por Artes Gráficas COFÁS, S. A. – Móstoles (Madrid)

ÍNDICE

PARTE II
EL CAMINO

PARTE III
TU PARTICIPACIÓN

Preámbulo

Si tan solo pudiera ver, pero mis ojos se deslumbran.
Si tan solo pudiera sentir, pero mis sentidos mienten.
Si tan solo pudiera andar, pero mi voluntad se quiebra.
Si tan solo pudiera comprender, pero mi ser se limita.
Solo en ti, fuera de mí, he conseguido ver, sentir, andar
y comprender.

Este libro nace de una convicción profunda: «Tú eres la esperanza» («You are my hope»)*.

Todo lo necesario para alcanzar la abundancia —personal y colectiva— ya está en ti. Cada palabra y cada reflexión aquí compartida es una invitación a comenzar el camino del despertar de la consciencia. Es un llamado a convertirte en catalizador de una nueva economía que no explote ni divida, que no agote, sino que regenere, conecte y multiplique el bienestar para todos.

No escribo desde la perfección, ni con verdades absolutas, sino desde la experiencia vivida y la transformación interior que

---

* Esta es una frase muy presente en mi vida, y en la de muchas personas conscientes, que encontrarás casi como una oración, repetida una y otra vez en estas páginas: «You are my hope». Así, en inglés, como el nombre de los premios de la consciencia que organizamos cada año desde la plataforma que dirijo, *Cambio 16*.

me ha permitido ver la luz en cada ser humano dispuesto a cambiar. Escribo procurando que el ego interfiera lo menos posible. La esperanza me ha abierto los ojos y mi fe en la humanidad crece cada día, porque sé que, si elegimos conscientemente, podemos construir una economía de abundancia sostenible, reflejo de lo mejor que somos y de lo que podemos llegar a ser.

Este es un texto que trasciende lo técnico y lo ideológico. Es una propuesta viva, en evolución, que busca conectar economía y consciencia. No pretende tener todas las respuestas, pero sí despertar la curiosidad suficiente para hacernos las preguntas correctas. Es una invitación a transformar la forma en que pensamos, sentimos y actuamos en el mundo económico, político y social.

En lo personal, he cambiado tanto que a veces ya no me reconozco. Donde hubo ignorancia, ahora hay honestidad. Donde hubo resignación, ahora hay propósito. Comprendí que no se trata solo de éxito, números, acumulaciones o indicadores, sino de una realidad superior y existencial.

Mi formación académica, mi experiencia legal y empresarial y mi compromiso con el crecimiento personal me han permitido ver las grietas del sistema desde dentro. Y también descubrir que es posible construir un modelo que honre la vida.

La Economía de la Abundancia busca alinearse con las leyes del universo y con la dimensión humana del amor, la justicia y la felicidad. Toda idea que sume a esta visión será bienvenida. Este es un viaje abierto, colaborativo y en permanente transformación. Necesitamos de todos, y todos nos necesitamos.

Lee con apertura. Lo que propongo es un punto de partida, una semilla. La inercia del sistema actual nos lleva velozmente hacia un destino indeseado. No hacer nada es rendirse. Y aunque este texto tenga limitaciones, las ganas de comprender y construir son más poderosas que cualquier carencia. Como me dijo un hermano sabio: «Creer que sabes es el camino más seguro hacia la esclavitud».

A los jóvenes, de edad y de espíritu, protagonistas naturales de este cambio, les digo, no teman. Han nacido con una sensibilidad mejorada. La consciencia está despierta en ustedes, solo falta activarla. Su tarea no será fácil, pero sí hermosa: romper creencias heredadas, reconstruir lo esencial y poner el talento al servicio del bien común. Confíen en lo que sienten. No escuchen a los profetas del desastre ni a los escépticos de oficio.

Ustedes son la generación que porta la posibilidad de reinventar el mundo, más allá de cualquier herencia de resignación. Por eso, este libro es especialmente para los jóvenes: porque la esperanza de la humanidad está en su capacidad de soñar despiertos. Hoy más que nunca, el mundo necesita soñadores despiertos. Personas capaces de cuestionar el sistema anclado en el egoísmo de la escasez y luchar por una realidad más justa, más viva. El futuro no está escrito, será el fruto de nuestras decisiones y nuestras acciones.

Podemos decidir bien. Y así construir una economía que regenere en lugar de destruir, que incluya en lugar de excluir, que honre la vida en lugar de reducirla a sumas, algoritmos y estadísticas vacías de alma. Hemos llegado a un punto crucial. Esta es una crisis económica y, al mismo tiempo, una crisis de sentido. Su solución es técnica, espiritual, ética, creativa y colectiva.

Durante siglos, la economía —guiada por la lógica de la escasez, el individualismo y el dominio— ha crecido sin plena consciencia. Hoy, la acumulación absurda y la desconexión con la naturaleza amenazan nuestro futuro. Pero también tenemos la gran oportunidad de rediseñar nuestro rumbo.

La gran revolución no será únicamente tecnológica, vendrá acompañada de una revolución humana, con el despertar de la consciencia. El verdadero capital no es financiero ni tecnológico: es espiritual y humano. Ese capital hoy está en ebullición, esperando ser activado.

Todos somos parte de esto. No mires hacia los lados esperando que otro actúe. Mira hacia adentro. Activa tu poder. El cambio comienza contigo. Cada paso consciente —por pequeño que parezca— suma energía al nuevo paradigma. Mi esperanza está en ti. Nuestro futuro también.

Tu cambio es mi esperanza, porque no hay abundancia colectiva sin individuos con abundancia. La verdadera transformación comienza dentro. Por eso dedico un capítulo completo a la abundancia personal, ese estado profundo de consciencia en el que reconocemos lo que somos, lo que tenemos y lo que podemos crear desde la autenticidad.

No es un lujo individualista, sino una base esencial para un sistema que florezca para todos. Una economía regenerativa solo puede nacer de personas plenas, no de almas incompletas. Emprendamos juntos este viaje. Yo pongo mis palabras, mi compromiso y mi esperanza. Pero el verdadero milagro comienza cuando tú decides crecer también. La historia podemos escribirla juntos. Hazla también tuya.

Ten siempre presente que este libro quiere dialogar contigo, recordándote lo que ya sabes en lo profundo: que eres parte de algo mayor y que la abundancia es tu estado natural.

No importa de dónde vengas, qué estudiaste o a qué te dedicas. Si llegaste hasta aquí, es porque ya estás despierto. Este libro no te da un camino: te invita a descubrir el tuyo. Y cada paso, por pequeño que sea, contribuirá a la gran transformación y a la creación de la Economía de la Abundancia en favor de todos.

Prólogo

por Gunter Pauli

A menudo se me ha descrito como un mensajero de esperanza, alguien que despierta conciencias e inspira a las personas a pasar a la acción. Acepto esa descripción si se comprende la esperanza en su sentido más exigente y menos complaciente. La esperanza no es un estado de ánimo ni una actitud optimista ante lo que vendrá, sino una postura ética y vital que implica responsabilidad, lucidez y coraje.

La esperanza, entendida en profundidad, es una decisión consciente de actuar incluso cuando los resultados no están garantizados. Supone comprometerse con el cambio sin la seguridad del éxito, avanzar sin la protección de certezas previas y asumir que toda transformación real implica riesgo. La esperanza auténtica no espera condiciones ideales para manifestarse. Se expresa precisamente allí donde los sistemas muestran sus límites, donde las soluciones convencionales ya no bastan y donde la inercia invita a la resignación. En ese sentido, la esperanza es una ética de la acción: una forma de estar en el mundo que elige intervenir, crear y asumir consecuencias.

Algunas personas e instituciones han sabido encarnar este principio mucho antes de que se convierta en un hecho de dominio público, y *Cambio 16* ha sido una de ellas. Recuerdo bien la fundación de esta revista, cuyo número hacía referencia a los dieciséis fundadores que, por primera vez en España, impulsaron un periodismo de investigación de calidad. No se trataba únicamente de informar, sino de transformar la relación entre la verdad, el poder y la ciudadanía, algo especialmente significativo en el contexto histórico de la transición a la democracia en España.

Al haber dominado el idioma español desde muy temprano, recibí en 1981 el Premio al Mejor Artículo de Marketing del Año, otorgado por el Club de Marketing de Barcelona. En mi discurso de aceptación señalé que la comunicación es una de las palancas fundamentales del cambio social y destaqué que *Cambio 16* había sido siempre una de mis referencias. Comprendía entonces —y lo sigo comprendiendo hoy— que comunicar no es solo transmitir información, sino generar sentido, consciencia y orientación colectiva.

Primero como asistente personal de Aurelio Peccei, fundador del Club de Roma, y, posteriormente, como miembro de dicha organización, disfruté de una extensa red de amigos y contactos en España, como Federico Mayor Zaragoza (director general de la UNESCO) y Ricardo Díez-Hochleitner (Publisher) e Isidre Fainé (presidente de la Fundación "la Caixa"). *Cambio 16* estuvo siempre presente en ese entramado humano e intelectual.

Por ello, recibir el reconocimiento de *Cambio 16* bajo el lema «You are my hope» («Tú eres mi esperanza») fue especialmente gratificante y, al mismo tiempo, un acto de humildad. Este premio no fue únicamente un respaldo personal al trabajo realizado, sino un reconocimiento simbólico a una forma de entender el cambio como responsabilidad ética y compromiso con el futuro. Creo que Jorge Neri y yo compartimos plenamente esa mirada sobre el cambio.

La historia del cambio verdadero se origina en la consciencia y actúa como fundamento de toda transformación duradera. Esta idea, que plantea *La economía de la abundancia*, desplaza el marco habitual desde el que se interpreta el progreso y conduce a revisar la creencia central de la modernidad: la suposición de que el desarrollo técnico y la expansión económica generan por sí mismos sociedades más justas, equilibradas o sostenibles. La experiencia histórica muestra que los avances materiales adquieren direcciones muy distintas según el marco de valores que los orienta.

Para Jorge, la consciencia es un principio estructurante. Cuando la consciencia antecede a la acción, el cambio adquiere una cualidad creativa y orientadora, capaz de abrir horizontes que reorganizan la relación entre sociedad, economía y entorno. A partir de la consciencia se define qué merece valoración, qué se entiende por éxito, qué formas de desarrollo resultan legítimas y qué impactos se consideran aceptables.

Cuando este nivel permanece estable, la innovación tiende a reforzar las lógicas existentes, incrementando su alcance y su eficacia. Cuando se transforma, las mismas herramientas adquieren una orientación diferente y producen efectos cualitativamente nuevos, de cambio, de despertar.

Estas afirmaciones suponen un giro profundo que desplaza el centro del progreso hacia lo interior. Desde esta perspectiva, el cambio se comprende como una cuestión de sentido. Las decisiones colectivas se ordenan a partir de criterios previos que determinan finalidades, prioridades y límites. Esta orientación profunda explica la diferencia entre intervenciones centradas en reducir impactos visibles y procesos capaces de modificar las dinámicas que los generan.

En las sociedades contemporáneas se ha consolidado una ética que valora la reducción del daño como indicador de responsabilidad. Se reconoce a quienes disminuyen la contaminación. Este enfoque restrictivo no contribuye a estabilizar los sistemas existentes. Son solamente pequeños ajustes en su funcionamiento interno y no cambia nada de verdad.

Un desplazamiento significativo aparece cuando el reconocimiento se dirige hacia otra dirección, cuando la acción crea condiciones de regeneración, de restaurar lo dañado y de ampliar las posibilidades de vida en términos sociales, ecológicos y culturales. Este movimiento expresa una transición desde una ética centrada en la compensación hacia una ética basada en la creación de bienes comunes sostenibles, que es el planteamiento de mi amigo Neri.

Debemos alejarnos de una sociedad que premia a quienes contaminan menos —pero continúan contaminando— y dirigir nuestro apoyo pleno a quienes hacen activamente el bien. A quienes optan por regenerar el entorno en lugar de limitarse a mitigar daños, y a quienes buscan erradicar la pobreza en vez de simplemente aliviar el sufrimiento.

Entendiéndolos así, podemos ver que los procesos de transformación profunda comparten un rasgo recurrente. Todos surgen cuando se modifica la relación con lo que se consideraba impensable. En esos contextos, la imaginación aplicada adquiere un papel decisivo y permite redefinir límites como espacios de posibilidad. Se trata de una imaginación rigurosa, informada por el conocimiento del territorio, de los sistemas y de las consecuencias a largo plazo.

El impacto positivo de esta dinámica ha sido demostrado en múltiples ocasiones.

Un ejemplo emblemático es la transformación de la isla de El Hierro, en Canarias, que el gobierno había decidido convertir en una base militar. La población local optó, en cambio, por propuestas audaces que lograron el retorno de la diáspora, duplicaron la población y generaron un estado de abundancia en una isla volcánica supuestamente carente de agua. En este ejemplo se revela un principio esencial: cuando la imaginación política y la inteligencia colectiva se alinean, incluso los límites naturales se redefinen.

También hemos sido testigos, bajo el liderazgo de Paolo Lugari, de cómo la región de Vichada, devastada por la deforestación en el siglo XVII durante un intento fallido de producción ganadera, puede volver a florecer como un bosque biodiverso. Se han reintroducido 256 especies, se ha generado agua potable y se han erradicado enfermedades gastrointestinales. Hoy existe pleno empleo donde antes el crimen desgarraba el tejido social. Este caso demuestra que la restauración ecológica y la regeneración social no solo son compatibles, sino mutuamente dependientes.

Hemos imaginado igualmente, bajo la guía de Raphaël Domjan, que la industria naviera puede atravesar los océanos sin una sola gota de petróleo, dando origen a un sector que hoy cuenta con cientos de embarcaciones. Cada una de estas experiencias nace de una consciencia clara y precisa, donde el cambio no solo es necesario y posible, sino una oportunidad extraordinaria para transitar de la escasez a la abundancia.

En todos los casos hubo un despertar y una dedicación personal para ir más allá de lo evidente, asumiendo desafíos considerados imposibles. Fue necesario renunciar a la parálisis que produce un análisis excesivo y optar por una forma de emprendimiento orientada al bien común. Ese es el tipo de emprendimiento —ético, consciente y transformador— que este libro nos invita a conocer y a encarnar.

Cuando la consciencia precede a la acción, el cambio deja de ser reactivo y se convierte en creativo. He aquí el profundo mensaje de estas páginas y, quizá, nuestra esperanza más sólida para los tiempos que vendrán.

PARTE I
EL DESPERTAR

Capítulo 1

La realidad de la economía actual

Estamos dormidos

Durante muchos años estuve tan enfocado en trabajar, producir y asegurar el futuro que no me di cuenta de lo más esencial, estar realmente presente. Estuve en todos los momentos importantes de la vida de mis primeros tres hijos: sus cumpleaños, los viajes, las actividades del colegio, las celebraciones familiares. Si alguien me hubiera visto desde fuera, habría dicho que era un padre comprometido. Y lo era. Pero un día me di cuenta de una verdad que me golpeó con fuerza: había estado, pero no había estado presente.

Años después, cuando trato de recordar escenas de su infancia, muchos recuerdos aparecen borrosos, fragmentados, incompletos. Al ver fotos de esos momentos tengo la sensación de estar viviéndolos por primera vez. Porque los amaba, porque quería estar, y aun así vivía en automático.

Mi mente estaba siempre en otro lugar: en el negocio, en los problemas, en el futuro, en la economía, en las metas, en las responsabilidades. Estaba ahí físicamente, pero emocionalmente ausente. Y durante mucho tiempo pensé que eso era normal. Pensé que así era la vida adulta. Pensé que eso era *hacer lo correcto*. No había culpa: había inconsciencia. Estaba dormido.

Mi despertar llegó años después, ya en mi segundo matrimonio, con la llegada de mi hija pequeña. Para entonces había iniciado un proceso profundo de transformación interior que llevaba más de diez años en marcha. Una búsqueda sincera de presencia, de sentido, de ser y no solo de hacer. Fue entonces cuando pude ver con claridad la diferencia entre vivir dormido y vivir presente. Lo vi en su mirada, en su forma de tomarme la mano, en su manera de descubrir el mundo minuto a minuto. Lo vi en mí, al observar cómo la miraba, cómo la escuchaba, cómo estaba ahí de verdad. Presente. Entero. Despierto.

Con ella estoy viviendo una nueva infancia que no disfruté a plenitud con los tres primeros. Y no desde la nostalgia ni desde el arrepentimiento, sino desde la comprensión profunda de lo que nos perdemos cuando vivimos en automático. Este despertar también me ha permitido acompañar de forma más consciente, profunda y amorosa a mis tres primeros hijos.

Entendí que la vida no se pierde en grandes tragedias. La vida se pierde en la prisa, en la ocupación y en la desconexión. En estar sin estar. En vivir para un futuro que nunca llega, mientras el presente se escapa silenciosamente. Y comprendí algo que transformó mi forma de ver el mundo: que la presencia —el despertar— es la verdadera riqueza. Y que la ausencia nace de vivir en automático, atrapados en un sueño que confundimos con la realidad.

Así vivimos nuestras relaciones, pero especialmente nuestra relación con la economía, el trabajo y el dinero. Dormidos. En automático.

1. Vivimos dormidos dentro de una economía que no cuestionamos

Ese día comprendí que mi historia no era solo mía, era un espejo de una gran mayoría. Un reflejo de algo mucho más grande y peligroso que nos está llevando al borde del colapso humano y planetario. Vivimos dormidos en una economía dormida, y lo peor del sueño es que nos hace pensar que estamos despiertos.

Una economía que nos exige correr, producir, competir y demostrar hasta que olvidamos quiénes somos y para qué hacemos lo que hacemos. Vivimos desconectados de la vida del mismo modo que vivimos desconectados del trabajo, del dinero y de nosotros mismos. Reaccionando, cumpliendo y sobreviviendo.

Creemos que elegimos, pero en realidad repetimos. Repetimos lo que vimos, lo que nos dijeron, lo que todos hacen. Y lo más peligroso no es el sistema en sí, es nuestra ceguera. No darnos cuenta de que estamos atrapados en él. Y de que otra economía —una economía de abundancia sostenible— es posible si despertamos.

Como dijo John Kenneth Galbraith, «La economía es demasiado importante para dejarla solo en manos de los economistas», porque la economía es, en esencia, la forma en que nos relacionamos con la vida misma.

2. ESTAMOS MÁS DORMIDOS DE LO QUE PENSAMOS

Dormidos no significa perdidos. Significa vivir sin claridad, presencia y sin responsabilidad real sobre lo que hacemos. Es adaptarnos a un ritmo, a una presión y a unas expectativas ajenas hasta dejar de distinguir si las decisiones son nuestras o del sistema.

Estar dormidos es aceptar como verdad aquello que nunca, o casi nunca, elegimos de forma consciente. Es asumir que *así funcionan las cosas* y que no pueden cambiarse. No porque sean ciertas, sino porque cambiarlas tiene un coste que el sistema nos ha entrenado a evadir.

Si observamos con honestidad, veremos que gran parte del funcionamiento de la economía actual se sostiene sobre dos emociones básicas:

- Miedo: A no tener, a perder, a no ser suficiente, a equivocarnos.
- Avaricia: La sensación constante de que nunca es suficiente.

El miedo paraliza y facilita la dominación. La avaricia acelera y justifica la destrucción. Ambas emociones nos desconectan de nosotros mismos y de los demás. Así, líderes y consumidores quedamos atrapados en un ciclo que no elegimos conscientemente, pero que repetimos porque aprendimos a vivir dentro de él desde muy temprano.

Peter Singer sostiene que la civilización progresa cada vez que ampliamos el círculo de aquello que consideramos digno de cuidado. Nuestra economía solo despertará cuando entendamos que ese círculo nos incluye a todos.

3. El sistema lo perpetuamos todos

El sistema no es un enemigo externo. No es una entidad abstracta ni una fuerza ajena que actúa sobre nosotros desde fuera. El sistema somos nosotros cuando actuamos sin pensar, cuando consumimos para llenar vacíos, cuando aceptamos trabajos sin alma y cuando medimos nuestra vida por lo que producimos, poseemos o acumulamos.

Cada decisión cotidiana —por pequeña que parezca— le da forma a la economía. A quién compramos, qué aceptamos como *normal*, qué sacrificamos en nombre de la eficiencia o del éxito. El sistema se sostiene menos por grandes conspiraciones y más por millones de actos automáticos que repetimos sin cuestionar.

Por eso resulta tan cómodo señalar culpables externos: gobiernos, mercados, empresas, élites. Y aunque su responsabilidad existe, esa narrativa nos tranquiliza porque nos exime de la nuestra. Nos permite seguir funcionando igual mientras criticamos el resultado.

Si somos parte de lo que alimenta el sistema, también somos parte de lo que puede transformarlo: desde la consciencia. El cambio comienza cuando dejamos de vivir en automático.

Como señaló el economista E. F. Schumacher, la libertad no nace de la riqueza en sí, sino de la claridad interior con la que decidimos usarla. Esa claridad, y no el crecimiento ilimitado, es el verdadero punto de partida de una economía consciente.

4. DESPERTAR ES VER LA REALIDAD Y ASUMIR LA RESPONSABILIDAD

Despertar no es un concepto abstracto ni una idea espiritual. Es algo profundamente práctico. Es dejar de vivir en automático y empezar a observar con honestidad por qué hacemos lo que hacemos, qué decisiones repetimos y a qué renuncias nos hemos acostumbrado sin cuestionarlas. Es recuperar la capacidad de decidir y asumir un rol activo en la creación de nuestra propia vida.

Max Planck observó que cuando cambiamos la forma de mirar la realidad, la realidad que percibimos también cambia.

El despertar comienza precisamente ahí: no en negar los hechos, sino en asumir que nuestra manera de interpretarlos determina cómo actuamos sobre ellos.

El primer paso es hacer una pausa. Y esa pausa lo cambia todo, porque interrumpe la reacción automática. En ese espacio aparece una pregunta incómoda pero esencial: ¿estoy eligiendo esto o simplemente estoy reaccionando y repitiendo?

El despertar comienza cuando asumimos una responsabilidad absoluta sobre nuestros actos. Asumir responsabilidad no significa controlarlo todo ni culparse por todo. Significa reconocer que participamos activamente en la realidad que vivimos. Una persona dormida siente que la vida le ocurre. Una persona despierta entiende que, incluso cuando no elige las circunstancias, sí elige cómo responde a ellas.

La responsabilidad no es culpa; es libertad. Es el momento en que dejamos de vivir desde la queja o la justificación y empezamos a actuar desde la coherencia. Cuando asumimos que somos partícipes, y no víctimas, del sistema y de nuestra propia vida, cambia la forma en que trabajamos, consumimos, lideramos y nos relacionamos.

Despertar es recuperar la capacidad de dirigir nuestra vida con consciencia y reconocer que cada elección, por pequeña que sea, moldea tanto nuestra realidad interior como el mundo que contribuimos a crear.

5. La persona despierta vive desde otras emociones

Cuando una persona despierta, su relación con la economía empieza a cambiar. Ya no responde únicamente desde el miedo a perder o desde la avaricia de acumular. Poco a poco, sus decisiones comienzan a nacer de un lugar distinto.

No se trata de emociones idealizadas ni de estados permanentes, sino de una nueva disposición interna. Emociones como el amor, la generosidad, la cooperación, la gratitud, el servicio, la humildad y el propósito empiezan a aparecer como referencias prácticas para decidir cómo trabajar, consumir y relacionarse.

Estas emociones no eliminan inmediatamente los conflictos ni las tensiones del sistema, pero transforman la manera en que los habitamos. Abren la posibilidad de una economía menos reactiva y más consciente, más humana en sus fines y más responsable en sus medios.

Cuando despertamos, empezamos a reconocer que la forma en que vivimos, decidimos y sentimos es parte del torrente económico vivo.

Despertar es el primer paso. Es volver a mirar con claridad, empezar a elegir con consciencia y asumir la responsabilidad de cómo habitamos nuestra vida, nuestro trabajo y nuestro dinero. No lo resuelve todo, pero cambia el punto de partida.

Capítulo 2

Qué es la Economía
de la Abundancia

Pasar de la escasez a la abundancia sostenible requiere un cambio profundo de mirada. Cuando desperté a mi propia vida, también desperté a la realidad de nuestra economía. Comprendí que no era solo yo quien vivía en automático; la economía también opera en automático, atrapada en un modelo que ya no responde a la esencia humana ni a la naturaleza del planeta.

Despertar no es solo un proceso personal. Es un proceso colectivo. Y la economía, que es el gran tejido que une nuestras decisiones, nuestros miedos, nuestros deseos y nuestros sueños, también necesita despertar. De esa comprensión nace la Economía de la Abundancia: un nuevo paradigma que vincula el éxito y la prosperidad con el impacto positivo. Aquí, el beneficio individual no se logra a expensas de otros, sino en alianzas con ellos.

1. El nacimiento de un nuevo paradigma económico

La Economía de la Abundancia no es una teoría; es una nueva forma de entender la prosperidad humana. Aquí, el éxito se mide por el bienestar que generamos, no por la escasez que aprovechamos.

La abundancia redefine el valor no por lo poco que hay, sino por cuánto bienestar aporta. El valor de los bienes y servicios se mide por cuánto bienestar aportan a las personas y al planeta. Este modelo nos invita a evolucionar:

- De la economía de la escasez a la economía de la consciencia.
- Del ego y la competencia feroz a la cooperación expansiva.
- De la acumulación al impacto positivo.

En esta nueva visión, la prosperidad emerge de forma compartida y colaborativa, no de manera extractiva y destructiva. No se trata de que para que unos ganen otros deban perder. La economía tradicional creó riqueza material, sí, pero también produjo desigualdad, destrucción ambiental y una epidemia de estrés y vacío existencial.

Estamos ante la necesidad de un salto evolutivo. La Economía de la Abundancia propone sociedades prósperas, regenerativas, equilibradas y felices, donde los indicadores van más allá del PIB o las utilidades para medir el valor real, la vida humana en plenitud. Se trata de elevar la calidad de nuestras decisiones en favor del bien común.

La abundancia aborda nuestra existencia en una visión de trescientos sesenta grados, integrando lo material, lo humano y lo espiritual. La pregunta deja de ser «¿Cómo tener más?» para convertirse en «¿Cómo podemos generar más y mejor juntos?».

2. Crear valor juntos, la lógica de la abundancia

Recuerdo una clase en mi programa de negociación en Oxford. El profesor demostró que, cuando las partes ponen todas las cartas sobre la mesa, en lugar de pelear por el reparto de la tarta, esta puede crecer entre un 30 por ciento y un 50 por ciento más. Ese valor adicional permitía acuerdos más justos y beneficiosos para todos.

La transparencia crea confianza, y la confianza multiplica la riqueza. Ese día entendí algo esencial: la abundancia nace cuando elegimos crear valor juntos*.

¿Qué es la economía de la abundancia (sostenible)?

Dimensión	Economía de la escasez	Economía de la Abundancia
Lógica del valor	Precio definido por escasez	Valor definido por impacto positivo
Motivación central	Lucro individual	Bienestar colectivo
Relación con la naturaleza	Explotación	Regeneración
Éxito	Acumulación	Contribución

3. CONCLUSIÓN

La Economía de la Abundancia no niega el progreso ni la ambición humana. Los redefine. Propone un cambio de lógica para pasar de competir por recursos limitados a colaborar para multiplicar los recursos en favor del bienestar común.

Este capítulo no busca ofrecer respuestas definitivas, sino plantear una nueva forma de mirar la economía. En los capítulos siguientes exploraremos cómo esta lógica transforma el valor, el dinero, los incentivos y nuestras decisiones cotidianas.

---

* En el artículo «What People Still Get Wrong About Negotiations» de *HBS (Harvard Business Review)*, Max Bazerman sostiene que muchos negociadores asumen que el tamaño de la tarta (el valor total) es fijo en lugar de buscar formas de aumentar esa tarta compartida a través de transparencia, intercambio de información y creatividad. https://www.hbs.edu/faculty/Pages/item.aspx.

Capítulo 3

El rediseño del valor, el dinero y los incentivos

Si la economía es un sistema, entonces sus resultados no son casuales, son consecuencia directa de lo que valora, lo que premia y lo que incentiva. Durante décadas hemos diseñado un modelo que recompensa la extracción, la acumulación y la competencia, incluso cuando sus efectos dañan a las personas y al planeta.

La Economía de la Abundancia no se limita a una nueva visión ética; propone un rediseño práctico del sistema. Redefinir el valor y el dinero y alinear los incentivos con la vida no es idealismo, es la única forma de construir una economía sostenible, humana y regenerativa.

En este capítulo exploramos cómo cambiar las reglas del juego para que hacer el bien no sea una excepción moral, sino la opción más lógica, rentable y deseable.

1. La nueva lógica del valor: UN CONTRATO SOCIAL REGENERATIVO

Para construir la Economía de la Abundancia es esencial redefinir lo que consideramos valioso. Hoy, el mercado premia lo escaso. En el futuro, en una economía consciente, lo valioso será todo aquello que genere impacto positivo.

Imagina un sistema donde:

- Lo que cura vale más que lo que enferma.
- Lo que educa vale más que lo que distrae.
- Lo que une vale más que lo que divide.
- Lo que regenera vale más que lo que destruye.

No es una utopía; es un contrato social basado en la expansión de la consciencia colectiva, expresada en cada decisión individual. Bajo esta lógica, el dinero deja de ser un instrumento de acumulación y se convierte en una herramienta de multiplicación del bienestar.

Visualiza un sistema donde las decisiones económicas incluyen información sobre su impacto humano y ambiental. Puede ser algo tan sencillo como ir al supermercado donde las etiquetas ya no solo muestren el precio, sino la historia completa: «Esta prenda fue tejida por una cooperativa de mujeres rurales»; «Este alimento regeneró suelos degradados»; «Esta empresa reinvierte parte de sus ganancias en educación pública». En este sistema, las acciones que regeneran la vida valen más que las que la destruyen. Por ejemplo, una empresa que limpia océanos valdría más que una que vende comida chatarra.

El naturalista John Muir escribió: «Cuando intentamos elegir algo por sí solo, lo encontramos atado a todo lo demás en el universo». Nuestras decisiones económicas, que nunca son aisladas, siempre tejen el sistema.

2. LA DISTORSIÓN DEL VALOR: CUANDO PREMIAMOS LO QUE DAÑA

El sistema actual premia, con demasiada frecuencia, lo que hiere y hace daño. Productos que enferman, plataformas que manipulan, actividades que contaminan, modelos que explotan. Mientras tanto, profesiones esenciales para la vida —como educadores, agricultores, policías, cuidadores, médicos y regeneradores— siguen siendo invisibles para el mercado.

¿Cómo puede haber abundancia real si premiamos lo que destruye y castigamos lo que sostiene la vida?

El ego distorsiona nuestro sentido del valor y nuestro actuar. Por una parte, nos hace valorar incorrectamente productos y servicios dañinos, y por la otra, nos hace creer que acumular es prosperar, cuando en realidad ese camino ha generado vacío interior y destrucción exterior. Una economía así no puede sostenerse.

John Ruskin, que tanto influenció a Gandhi, expresó que la verdadera medida de la riqueza no está en lo que poseemos, sino en lo que seríamos sin dinero.

3. El dinero al servicio del bien común

La Economía de la Abundancia no demoniza el dinero. Lo honra y lo devuelve a su lugar natural como herramienta para multiplicar el bien, no como un instrumento para alimentar la escasez.

El mérito, el esfuerzo y la innovación siguen siendo importantes, pero deben estar vinculados al impacto positivo, no al daño. Un cambio *pequeño* con consecuencias potencialmente incalculables.

Imagina un mundo donde los grandes empresarios son quienes:

- Mejoran la alimentación.
- Reducen la pobreza.

- Regeneran ecosistemas.
- Fortalecen la educación.
- Multiplican el bienestar social.

En ese mundo, ser millonario no sería símbolo de poder; sería sinónimo de impacto positivo masivo. Incluso si al principio el incentivo sigue siendo solo la *zanahoria* del dinero, cuando se opera dentro de una ética regenerativa el egoísmo puede convertirse en motor de evolución. En un nivel superior, aparece el propósito.

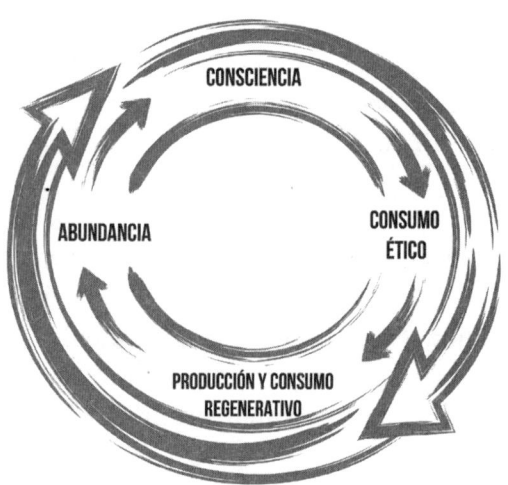

4. Cambiar los incentivos económicos: la vía rápida del cambio

Los cambios impulsados por ideales suelen ser lentos. Los cambios impulsados por incentivos económicos son rápidos y masivos. Si redirigimos subsidios, beneficios fiscales, inversión pública y políticas económicas hacia el bien común, la transformación será exponencial. Como afirmaba Peter Drucker: «Lo que se mide se gestiona»; y cuando lo que se premia es el beneficio colectivo, el sistema entero comienza a moverse en esa dirección.

El cambio será irreversible cuando todas las variables del sistema —empresa, gobierno, educación y consumo— se alineen con la vida, es decir, con las personas y con la naturaleza. Esa es la finalidad de este libro: despertar conciencias y formar una fuerza colectiva de líderes e individuos conscientes.

Hoy, el crecimiento económico sin propósito es una carrera sin rumbo: corremos cada vez más rápido, pero sin saber por qué y hacia dónde. Podemos soñar con otros planetas, pero primero debemos aprender a vivir en armonía en el nuestro, que es el más hermoso y perfecto del universo conocido.

La Economía de la Abundancia no detiene el progreso: le da dirección, sentido y alma.

5. El poder del consumidor consciente

Cada compra es un voto que moldea la economía. Un voto silencioso pero poderoso. Hasta ahora, por estar dormidos, hemos desperdiciado ese poder por falta de consciencia, información y presencia. Necesitamos despertar, asumir la responsabilidad de nuestro rol dentro de la economía y convertirnos en líderes y/o consumidores conscientes.

Amazon revolucionó el comercio, sí, pero también generó residuos masivos y prácticas laborales cuestionables. Un consumidor consciente exigiría envíos sostenibles, condiciones dignas, responsabilidad ambiental y transparencia. Millones de consumidores despiertos pueden transformar industrias enteras.

Los Objetivos de Desarrollo Sostenible (el ODS 12) lo llaman «consumo responsable». Todo va de hacernos responsables. La Economía de la Abundancia lo llama «consumo regenerativo» porque va más allá: no solo busca reducir el daño, sino multiplicar activamente el bien.

6. DEL EGOÍSMO DE LA ESCASEZ A LA COOPERACIÓN REGENERATIVA

Dentro del sistema actual, muchos, por egoísmo, están dispuestos a hacer lo que sea por obtener dinero, sin valorar las consecuencias. Esa lógica destructiva concentra la riqueza en manos de unos pocos, dejando a muchos con migajas o nada.

No se trata de moralismo, sino de comprender cómo los incentivos rigen el comportamiento humano y, a partir de ahí, transformar dichos incentivos mediante un diseño consciente con unas nuevas reglas del juego.

Ese egoísmo económico ha normalizado una idea peligrosa: sobrevive el más apto y fuerte. Pero esa versión reduccionista de Darwin no solo es incorrecta, sino destructiva. Ha justificado la competencia feroz, la eliminación del rival y la destrucción de los más vulnerables, incluida la naturaleza. Desde esa lógica, el triunfador se impone, aunque arrase el entorno.

Pero el planeta y la sociedad ya no resisten más. Es una visión limitada que no considera el equilibrio existencial. El propio Darwin escribió que las especies sobreviven no solo por su fuerza, sino por su capacidad de cooperación. Además, la ciencia moderna confirma que la vida prospera cuando existe simbiosis y colaboración.

La Economía de la Abundancia propone reemplazar el conflicto por la cooperación: prosperar no por eliminar rivales, sino por multiplicar el bien común. Hay que reemplazar la competencia depredadora por la cooperación regenerativa (ODS 17: alianzas), donde el éxito de uno refuerce el bienestar de todos.

Economía de la escasez	Economía de la abundancia (sostenible)
Competencia por recursos limitados	Colaboración para multiplicar valor compartido
Éxito = Acumulación de riqueza individual	Éxito = Impacto positivo colectivo
Valor = Precio de mercado	Valor = Contribución al bienestar humano y ambiental
Crecimiento sin límites ni propósito	Regeneración equilibrada con propósito consciente
Externalidades ignoradas o invisibles	Impactos integrados y medidos en todas las decisiones
Exclusión, concentración, fragmentación	Inclusión, redistribución, cohesión

7. Conclusión

La Economía de la Abundancia es una evolución natural para garantizar la vida del planeta. No destruye el progreso alcanzado, lo redirige, lo ordena, lo engrandece y lo despierta hacia el bien común.

Cuando el dinero fluye hacia quienes hacen el bien, cuando la consciencia guía el consumo y el éxito se mide por el impacto positivo, nace una economía capaz de regenerarse a sí misma y multiplicar la vida.

Durante muchos años creí que la economía era solo una serie de números. Hoy sé que es mucho más. Es un instrumento espiritual capaz de elevar o destruir la vida humana. La abundancia comienza cuando dejamos de competir por sobrevivir y elegimos colaborar para multiplicar. Ese es el verdadero salto evolutivo.

Capítulo 4

Por qué es urgente cambiar

En los capítulos anteriores comprendimos tres verdades esenciales:

1. Que vivimos dormidos dentro de una economía que también está dormida. Y lo peor del sueño es que nos hace pensar que estamos despiertos.
2. Que es posible construir una Economía de la abundancia al servicio de la vida.
3. Que la llave del cambio es el despertar de la consciencia.

Este capítulo responde la pregunta más importante de todas: ¿realmente necesitamos cambiar el sistema económico? La respuesta es clara, directa e ineludible: sí. Y lo necesitamos ahora.

1. La economía dejó de servir a la vida

El modelo económico vigente puso la productividad por encima del bienestar, la ganancia por encima de la naturaleza y la velocidad por encima del sentido. El resultado es evidente:

- Personas agotadas.
- Sociedades fracturadas.
- Ecosistemas al borde del colapso.

La nueva economía debe invertir ese orden: primero la vida, luego la sociedad, y, al servicio de ambas, la economía.

Es urgente construir un modelo económico que integre los pilares esenciales del ser humano: existencia, consciencia, libertad y espiritualidad. En otras palabras, una economía cuyos ejes estructurales de funcionamiento sean la vida, el bienestar y el propósito. Un sistema a imagen de las personas y no de números y datos.

Ese nuevo modelo debe también incorporar los valores cualitativos del ser: amor, bondad, alegría, compasión y sabiduría. Una economía sin alma no puede sostener a seres humanos que necesitan sentido.

Pilares y Círculo Operativo
de la Economía de la Abundancia

Muchos dicen: «Pongamos primero al planeta, luego a la sociedad y al final a la economía». Suena bien, pero es demasiado lento. La vía más pragmática es redirigir la economía, el motor más poderoso que mueve el mundo, para ponerla conscientemente al servicio de la vida.

2. UNA TORMENTA PERFECTA.
LAS CRISIS QUE SE RETROALIMENTAN

No necesitamos mirar lejos para verlo. Vivimos una tormenta perfecta de múltiples crisis interconectadas, cada una alimenta a la otra:

a) Conflictos armados y comerciales: Violencia renovada, ahora con tecnología capaz de borrar la vida del planeta. Decimos haber evolucionado, pero seguimos atrapados en la *lógica* del conflicto*.

b) Crisis medioambiental: Pérdida acelerada de biodiversidad, deforestación masiva y contaminación de ríos, mares y suelos**.

c) Desigualdades extremas: Un mundo pobre con islas de riqueza; si el barco naufraga, nos hundimos todos***.

---

* El índice de paz global que elaboró el Institute for Economics & Peace en el año 2023 registra 56 conflictos armados activos en el mundo, la cifra más alta desde la Segunda Guerra Mundial. Estos conflictos tienen un componente internacional creciente, con 92 países involucrados en guerras fuera de sus fronteras. Esto no incluye los conflictos políticos y sociales internos ni las guerras comerciales.

** El emblemático *Informe de evaluación global* de la ONU de 2022 estima que el mundo podría revertir los avances sociales y económicos y enfrentarse a 1,5 desastres diarios hasta el 2030. Abril de 2025 fue el segundo mes más caluroso registrado globalmente. Asimismo, en marzo de 2025, la concentración diaria de CO_2 en la atmosfera alcanzó las 430 partes por millón, el nivel más alto en tres millones de años. Otro informe de la Plataforma Intergubernamental sobre la Biodiversidad y Servicios de los Ecosistemas de 2024 estima que la biodiversidad ha disminuido entre un 2 y 6 por ciento en cada década en los últimos cincuenta años. Un millón de especies corren riesgo de extinción. La mitad del PIB mundial depende de la naturaleza.

*** Un informe del *Huffpost finanzas* de 2024 asentaba que el 1 por ciento más rico de la población mundial poseía el 45 por ciento de la riqueza global, mientras 3500 millones de personas vivían en pobreza. El Programa de las Naciones Unidas para el Desarrollo informó de una desaceleración sin precedentes en el desarrollo humano, con indicadores como la esperanza de vida, la educación y los ingresos en su punto más bajo en 35 años.

d) Escasez de agua y alimentos: La falta de recursos vitales ya provoca conflictos, migraciones y crisis humanitarias. Sin agua y alimentos no hay vida*.

e) Migraciones masivas: Millones huyen por guerra, pobreza o crisis climática, generando tensiones sociales, políticas y económicas. Un círculo destructivo**.

f) Deterioro de la salud mental y física: Ansiedad, depresión, adicciones y *burnout* crecen, especialmente entre los jóvenes. Seguimos intentando resolver problemas con la misma lógica que los creó.

Estas crisis, más que hechos aislados, son manifestaciones de un sistema que ha perdido su equilibrio. Todo se retroalimenta. Desigualdad → desesperanza → crisis mental → migraciones → polarización política → más conflicto.

No necesitamos más parches, necesitamos rediseñar el sistema desde la raíz.

---

* La ONU calcula que menos del 3 por ciento del agua del planeta es dulce, y de ese pequeño porcentaje, gran parte está congelada o contaminada. Menos del 2 por ciento es apta para el consumo humano. Cerca de 2200 millones de personas carecen de acceso seguro al agua potable. Factores como el cambio climático, el crecimiento poblacional, el uso ineficiente en la agricultura y la contaminación empeoran la crítica situación. Un informe de la FAO de 2023 asentaba que 735 millones de personas padecieron hambre crónica y casi 2400 millones tuvieron acceso limitado o incierto a alimentos adecuados.

** Según los datos del Alto Comisionado de las Naciones Unidas para los Refugiados (ACNUR), el número de personas desplazadas para el 2024 alcanzó el récord histórico de 120 millones. Esto significa que una de cada seis personas en el planeta se vio forzada a abandonar su hogar debido a conflictos armados, persecuciones, violencia, violaciones de derechos humanos o desastres naturales.

3. UN MODELO AGOTADO

El modelo actual funciona con cuatro motores destructivos:

- Miedo.
- Avaricia.
- Competencia depredadora.
- Acumulación sin propósito.

El sentimiento generalizado es el de *sálvese quien pueda*. La clase media está exhausta, la política está crispada y millones se acercan a modelos autoritarios por desesperanza.

Seguimos operando bajo una lógica primitiva: para que uno gane, alguien debe perder. A veces, incluso, solo se gana mucho si todos pierden. El más fuerte se siente con derecho a dominar, especular y destruir.

La raíz del problema no es la economía: es el ego humano que la guía. El ego crea la escasez; solo una consciencia expansiva puede abrirnos la puerta a la abundancia.

Dimensión	Lógica de la escasez	Lógica de la abundancia
Consumo	Más es mejor	Lo justo y consciente es mejor
Empresa	Maximizar ganancia individual	Crear valor compartido
Política	Cortoplacismo y polarización	Propósito colectivo y diálogo
Persona	Supervivencia y comparación	Propósito, plenitud y conexión
Educación	Formación técnica	Formación integral del ser

4. Conclusión

Este sistema no está fallando: está funcionando exactamente como fue diseñado. Por eso no basta con reformarlo superficialmente. Necesitamos urgentemente un cambio de lógica, de prioridades y de consciencia.

En el próximo capítulo exploraremos cómo pasar del colapso a la cooperación, y por qué el principio ganar-ganar, más allá del idealismo, constituye una necesidad evolutiva.

Capítulo 5

Del colapso a la cooperación

El principio ganar-ganar

Cuando un sistema entra en crisis, expresa que las reglas que lo gobiernan han dejado de generar equilibrio. El colapso es la consecuencia lógica de un modelo basado en la competencia depredadora, la acumulación sin propósito y la exclusión.

La Economía de la Abundancia propone un cambio de lógica para pasar del ganar-perder al ganar-ganar como principio estructural. No como ideal ético ni como consigna inspiradora, sino como una norma de diseño capaz de alinear intereses individuales, sociales y planetarios.

Este capítulo explora cómo la cooperación, las alianzas y los ciclos de retroalimentación positiva no solo son deseables, sino indispensables para construir un sistema económico viable, regenerativo y verdaderamente humano.

1. Una norma constitucional de ganar-ganar como ley universal

La Economía de la Abundancia rechaza la idea de que no haya recursos suficientes para todos. No faltan riquezas; falta la consciencia necesaria para distribuirlas de manera sostenible.

Necesitamos un nuevo marco normativo, un sistema de valoración renovado que premie lo que beneficia a las personas y a la naturaleza y que desincentive aquello que destruye o divide. Es un paso que implica dejar atrás el embudo excluyente del modelo actual y avanzar hacia un círculo virtuoso de bienestar general.

Por eso propongo elevar el ganar-ganar a una norma universal: «Ningún acto jurídico, económico o político será válido si no genera beneficio para las partes implicadas, el ser humano, la sociedad o la naturaleza».

Ha llegado el momento de elevarlo a la máxima categoría y convertirlo en una norma de rango constitucional en vez de un eslogan.

Este es el contrato social del siglo XXI. No es *hacer menos mal*, sino *hacer más bien*.

2. ALIANZAS: EL CAMINO PARA EL GANAR-GANAR

En los años 70, Wall Street consolidó la unidad de fusiones y adquisiciones (M&A) con el objetivo de *maximizar* el valor de sus clientes. Esa unidad impulsó la competencia depredadora mediante adquisiciones hostiles, apalancamiento financiero y beneficios de corto plazo. Fue un modelo que reforzó la lógica del vencedor que se impone arrasando a su paso.

Hoy, cincuenta años después, necesitamos algo distinto. Urge la creación de unidades de alianzas estratégicas cuyo propósito sea generar sinergias que multipliquen el valor para todos. Imagina que el prestigio de un banquero de inversión se midiera, en vez de por cuántas fusiones hostiles cerró, por cuántas alianzas regenerativas contribuyó a construir.

El ODS 17 (alianzas) señala precisamente esa dirección. El principio espiritual detrás de ella es simple y antiguo: la felicidad nace del servicio, el propósito nace del aporte y la abundancia nace de la cooperación. Cuando cooperamos, el valor no se reparte: se expande.

3. Ley universal de la retribución y retroalimentación positiva

Otro principio esencial es la *ley de la retribución*, según la cual lo que das al sistema vuelve multiplicado. Las acciones constructivas atraen abundancia; las destructivas generan escasez. La vida es una red interconectada: cada aporte individual enriquece al conjunto, y lo que beneficia al conjunto termina beneficiando también al individuo. La abundancia compartida es exponencial: no hay pérdida, solo transformación.

- Acciones constructivas → generan bienestar → crean ecosistemas saludables → benefician también a quienes las iniciaron.
- Acciones destructivas → generan escasez → erosionan sistemas → terminan perjudicando a todos.

La ley de la retribución crea círculos virtuosos regenerativos*.

La teoría de los sistemas, desarrollada por Donella Meadows** y Jay Forrester, describe este fenómeno como *retroalimentación positiva*: una acción inicial se amplifica mediante una cadena de

---

* Desde el punto de vista espiritual, la ley universal de la retribución viene desde tiempos inmemoriales en casi todas las religiones. El karma en el hinduismo y budismo, la ley de causa y efecto en muchas religiones y filosofías, o incluso las palabras de Jesús. En el evangelio de Lucas 6,38: «Dad, y se os dará». Todo lo que sale de ti regresa multiplicado. La vida responde al nivel de consciencia con el que contribuyes.
** Meadows, D., *Pensar en sistemas*, Madrid, Capitán Swing, 2022.

efectos que la refuerzan, produciendo un cambio creciente y sostenido.

Ejemplos:

- Empresas que cuidan a sus empleados → obtienen compromiso y eficacia → alcanzan mejores resultados.
- Comunidades que protegen su entorno → se vuelven más resilientes.
- Personas que dan con propósito → reciben felicidad y abundancia en retorno.

En ecología, Fritjof Capra demostró que todo sistema vivo prospera gracias a ciclos cerrados y relaciones regenerativas. Cuando se interrumpen esos ciclos, el sistema entero se resiente*.

Aplicado a la economía, esto significa dejar atrás el pensamiento lineal —acumular todo lo posible— y adoptar un flujo continuo de valor compartido. La abundancia no es una posesión estática: es un movimiento, un intercambio, un flujo dinámico de vida.

Estos principios no se aplican solo a gobiernos o empresas; también se viven en lo cotidiano:

- Una madre que cuida su bienestar emocional para criar hijos equilibrados.
- Un agricultor que regenera su tierra en lugar de agotarla.
- Un maestro que enseña desde el propósito, más allá del salario.
- Un emprendedor que innova con consciencia.
- Un vecino que coopera en lugar de competir.

---

* Capra, F., *The Web of Life*, 1996 [existe edición en español: *La trama de la vida*, Barcelona, Anagrama, 2008].

Todos ellos encarnan el principio del ganar-ganar, donde el bienestar personal se convierte en bienestar colectivo. La Economía de la Abundancia empieza en lo íntimo, en lo concreto, en lo humano.

4. LA ABUNDANCIA COMO DESTINO

La abundancia no es acumulación, es expansión. Es el despertar humano en todas sus dimensiones y se manifiesta en:

- Salud física y emocional.
- Relaciones sanas.
- Sentido de propósito.
- Paz interior.
- Autenticidad.
- Creatividad.
- Libertad.
- Tiempo.
- Cooperación.
- Bienestar colectivo.

Una economía centrada en el ser humano mide el éxito por la cantidad de vida que construye, no por la cantidad de capital que acumula. Ya lo advirtió el celebrado psicoanalista Erich Fromm: una sociedad orientada al tener termina por volverse enemiga de la vida.

Es una economía de equilibrios, no de excesos. La abundancia es nuestro destino natural y una responsabilidad colectiva. El alma no encarna para contraerse, sino para expandirse y compartir.

La buena noticia es que esto no es teoría. Ya existen semillas de este nuevo paradigma*:

- Economía del bien común (Christian Felber): Empresas y municipios europeos que miden su éxito por la dignidad humana, la solidaridad, la sostenibilidad ecológica, la justicia distributiva y la participación democrática.
- Empresas B (B Corps): Más de siete mil organizaciones en más de noventa países comprometidas con generar valor para accionistas, trabajadores, comunidad y medioambiente.
- Bután y la Felicidad Nacional Bruta: Un país que decidió medir el progreso no solo por la riqueza material, sino por el florecimiento humano.
- Ámsterdam y la Economía Circular (modelo dónut): Crecimiento que reutiliza, rediseña y respeta los límites planetarios.
- Cooperativas regenerativas y modelos comunitarios: Proyectos de agroecología en América Latina, ecoaldeas en Asia y comunidades resilientes en Europa que producen lo necesario, comparten excedentes y restauran el entorno.

Son señales claras de que otro camino ya está en marcha.

5. Conclusión

Cuando comencé mi carrera en un despacho de abogados de Wall Street, en 1993, todo mi afán estaba en aprender el

---

* No quiero que los ejemplos que cito a continuación sirvan de argumento para los políticos que atacan el sistema de crecimiento del producto interno bruto con la intención de tapar su incompetencia o mala gestión.

sistema —sus principios, reglas y funcionamiento— para poder hacer dinero, sin cuestionarlo. Sin embargo, con el tiempo descubrí una verdad más profunda: la escasez, que creemos natural, es aprendida, y la abundancia, que pensamos externa a nosotros, es un estado interior de consciencia.

Hoy intento vivir desde otro lugar. No siempre es fácil, pero cada vez que elijo dar con propósito, algo en mí —y en mi entorno— mejora.

El cambio no comienza en las instituciones. Comienza en cada persona que despierta. Comienza en ti. «You are my hope».

«Nuestra misión es construir un mundo de abundancia asombrosa».

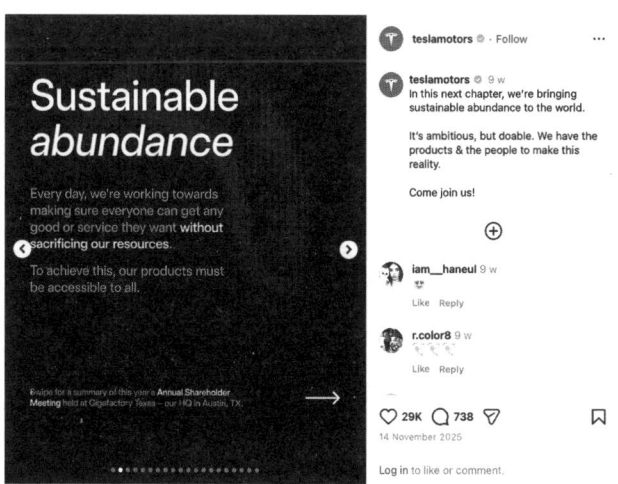

«En este próximo capítulo, llevaremos la abundancia sostenible al mundo. Es ambicioso, pero posible. Tenemos los productos y las personas para hacerlo realidad. ¡Únete a nosotros!».

6. Preguntas y recomendaciones

Para integrar este capítulo, te invito a detenerte y mirar hacia dentro:

- ¿Qué creencias heredadas sobre el dinero sigues reproduciendo sin cuestionarlas?
- ¿En qué áreas de tu vida operas desde la lógica de la escasez?
- ¿Qué te impide elegir el ganar-ganar como regla de vida?
- ¿Qué acción concreta puedes transformar hoy en una oportunidad personal y colectiva?
- ¿Cómo puedes convertir esa acción en una experiencia de ganar-ganar?

Ahí comienza la abundancia.

Capítulo 6

El ego, el enemigo
de la abundancia

La escasez global que vivimos no es un problema de recursos. Es un problema de consciencia. Y su origen es una fuerza silenciosa que distorsiona nuestra percepción, nuestras relaciones, nuestras decisiones y nuestras acciones: el ego.

A nivel personal, lo que tú experimentas como escasez suele ser el reflejo de esa misma distorsión. El ego nos hace creer que somos lo que tenemos, lo que hacemos, lo que logramos o lo que controlamos. Nos convence de que estamos separados, y que la supervivencia exige competir, acumular, imponerse y protegerse. Esa lente crea la ilusión de que falta, incluso en un mundo lleno de posibilidades.

La verdad es simple; el planeta tiene suficiente para todos, pero la concentración, la indiferencia y la desconexión han convertido la abundancia natural en escasez artificial. Y en el centro de esa distorsión siempre aparece el mismo actor: el ego humano.

1. Cómo se manifiesta el ego

El ego es la voz que dice:

- Yo primero.
- Yo más.
- Yo quiero.
- Yo necesito.
- Yo contra los demás.

El *ego sano* puede ser un aliado cuando nos impulsa, nos da foco y nos protege. Pero en nuestra cultura moderna se ha desbordado, convirtiéndose en una fuerza destructiva que permea todos los ámbitos de la vida. Hoy, naciones compiten como individuos, empresas como ejércitos, personas como consumidores ostentosos e incluso familias caen en comparaciones, rivalidades y luchas de poder. El resultado es siempre el mismo: fragmentación, miedo y escasez.

Vemos egos amplificados en todos los niveles:

- En lo personal: Consumismo, vanidad y una necesidad constante de validación.
- En lo empresarial: Beneficios a corto plazo a costa del planeta y de las personas.
- En lo político: Concentración de poder, manipulación y polarización.
- En lo global: Países compitiendo como gigantes infantiles por supremacía.
- En lo estructural: Especulación, acaparamiento y desigualdades extremas.

Un gran pensador espiritual, Rabindranath Tagore, lo expresó así: «La fuerza que verdaderamente se opone a la paz es el egoísmo; y se manifiesta a nivel personal, comunitario y nacional». Su diagnóstico sigue vigente: del ego nace la ambición desmedida, la corrupción, las guerras, el consumismo vacío, la pobreza sistemática y la destrucción de la naturaleza. La guerra es egoísmo a escala colectiva; la pobreza es egoísmo a escala cotidiana.

El ego es la fábrica de escasez porque acapara lo que no se necesita, compite donde sobra y destruye incluso cuando existen alternativas. Por eso, aunque producimos alimentos suficientes para toda la humanidad, millones pasan hambre. No por falta de recursos, sino por exceso de ego.

2. EL COSTE PERSONAL OCULTO DEL EGO: RELACIONES, RIQUEZA Y OPORTUNIDADES

El ego destruye países, empresas, sistemas económicos y familias. Pero, sobre todo, destruye vidas desde dentro hacia afuera. Lo más peligroso es que, mientras provoca daño, te convence de que tienes razón.

El ego:

- Te hace rechazar acuerdos que te beneficiarían.
- Te empuja a crear conflictos innecesarios.
- Rompe sociedades, equipos, amistades y familias.
- Sabotea oportunidades que jamás vuelven.
- Desperdicia recursos.
- Distorsiona tu juicio.
- Te encierra en tu propia narrativa.

El ego es una factura permanente que se paga con relaciones, dinero y paz interior. Recuerda esta frase sencilla y verdadera: el ego cuesta relaciones y cuesta dinero.

No debemos confundir ego con valores. Hay conflictos inevitables que nacen de principios y convicciones profundas. Lo difícil es discernir qué surge del ego y qué surge de la integridad. Y aun en los conflictos legítimos, debemos vigilar que no se prolonguen por la vanidad de *ganar*, porque muchas veces la victoria externa es derrota interna.

3. La historia del negocio que destruyó el ego

Cuando tenía treinta años, me sentía invencible. Venía de Venezuela, me había convertido en abogado en Nueva York y trabajaba en una de las firmas más prestigiosas de Wall Street. Había logrado cosas importantes y creía que podía con todo. No lo sabía entonces, pero estaba lleno de ego.

En ese periodo cofundé un negocio extraordinario: un desinfectante inocuo para el cuerpo humano, capaz de eliminar todas las bacterias y virus conocidos. Obtuvimos la patente en Estados Unidos. Teníamos innovación, oportunidad y un potencial gigantesco para salvar vidas. Pero también teníamos ego. Mucho ego. Y falta de consciencia.

Presenté a un amigo —un empresario brillante— al inventor y socio mayoritario. Le pareció excepcional y lo nombramos CEO. Su tarea era profesionalizar la empresa: ordenarla, gobernarla y prepararla para crecer. Sin embargo, el inventor sintió que perdía control. El ego habló. No solo en él; también en nosotros.

Estalló un litigio absurdo. Nadie escuchaba. Nadie cedía. Nadie quería *perder*. Y así fracasamos en escalar un negocio excelente, tanto en forma como en fondo. No nos faltó mercado, ni innovación, ni talento. Nos faltó consciencia. Y nos sobró ego.

Aprendí, de la forma más dura, que el ego no solo cuesta relaciones: destruye valor, destruye riqueza y destruye futuro. Y lo más peligroso es que lo hace sin que lo notes.

Agradezco esa experiencia porque cambió para siempre mi forma de liderar. Mis siguientes negocios florecieron porque los llevé con el ego atado y los pies en la tierra.

4. DEL EGO A LA CONSCIENCIA:
EL CAMINO A LA ABUNDANCIA

No se trata de eliminar el ego —algo casi imposible—, sino de ponerlo bajo el mando de la consciencia. El ego puede ser el motor, pero la consciencia debe ser el capitán que orienta, corrige y dirige. La consciencia permite pasar del *yo* al *nosotros*, del miedo al amor, de la confrontación a la colaboración. Y, sobre todo, permite pasar de la escasez a la abundancia.

Superar el ego, en vez de ser una lucha contra uno mismo, es en realidad un proceso de despertar. Cada vez que elegimos desde la consciencia y no desde el ego, rompemos un círculo vicioso y activamos uno virtuoso. Como escribió Viktor Frankl, «Entre el estímulo y la respuesta existe un espacio; en ese espacio reside nuestra libertad y nuestro poder para elegir». Ese espacio es la consciencia.

El ego, sin embargo, nunca se jubila. Incluso cuando creemos haberlo trascendido, suele regresar disfrazado: aparece como orgullo por ser *más espiritual*, como vanidad por *haber entendido* o como la necesidad sutil de ser reconocidos como humildes o generosos. El ego adopta innumerables formas para seguir al mando.

A veces incluso ataca a traición. Justo en momentos de avance o expansión personal puede reaparecer con la misma fuerza destructiva de siempre. Por eso, el despertar de la consciencia no es un logro definitivo, sino una práctica diaria: un modo de vivir, de observar y de elegir.

5. EL CAMINO PRÁCTICO PARA TRASCENDER EL EGO

El ego se transforma a través de prácticas concretas que podamos integrar día a día:

- En lo personal: cultivar humildad, gratitud, presencia y cooperación. Preguntarse: «¿Esto nace del ego o de la consciencia?».
- En lo empresarial: transformar la competencia depredadora en colaboración regenerativa; crear bienestar, no solo ganancias.
- En lo político: usar el poder como servicio al bien común.
- En lo social: crear comunidades donde nadie quede atrás.

En mi caso, cuando enfrento decisiones importantes trato de determinar cuánto influye el ego en ellas. Me pregunto: ¿cuánto hay de validación?, ¿cuánto de necesidad de control?, ¿cuánto de satisfacción personal?, ¿cuánto de simple deseo de tener la razón?

Este ejercicio no es moral; es profundamente pragmático. Reduce errores, protege relaciones y evita pérdidas. Y sorprende lo que uno descubre cuando lo practica con honestidad.

6. CONCLUSIÓN

El ego genera escasez. La consciencia genera abundancia. La raíz del cambio —y la llave del futuro— no es tecnológica, ni política, ni económica: es interior.

Si queremos una Economía de la abundancia, primero debemos despertar del egoísmo que sostiene la economía de la escasez. Ese es el verdadero punto de inflexión. Y comienza dentro de cada uno de nosotros.

CAPÍTULO 7

EVITAR EL COLAPSO
CON UNA NUEVA ECONOMÍA

La Economía de la abundancia no detiene el progreso. Lo orienta. Le da dirección, propósito y coherencia. Porque la gran revolución del siglo XXI no será solo tecnológica; será humana. Consiste en lograr que el dinero y la consciencia caminen juntos para que la ciencia, la tecnología y las instituciones sirvan a la vida. Solo así evitaremos el colapso y construiremos un renacimiento global.

1. EL COLAPSO DE UN MODELO SIN RUMBO

La economía actual se asemeja a un fórmula uno conducido por un piloto eufórico que atraviesa a toda velocidad escuelas, parques y ciudades. La máquina, con su tecnología brillante y su aerodinámica perfecta, es una obra maestra de la ingeniería humana. Pero la inconsciencia del piloto la convierte en un arma letal.

Discutimos motores, combustibles y aerodinámica, pero casi nadie cuestiona el rumbo. Y, en esas condiciones, el accidente no es una posibilidad: es una consecuencia matemática. Lo mismo está sucediendo en la economía actual.

Vivimos una paradoja histórica: tenemos más conocimiento, tecnología y recursos que nunca, y, al mismo tiempo, más riesgo de colapso que nunca. La pregunta que define nuestro tiempo es simple: ¿seguimos corriendo sin rumbo o elegimos avanzar con propósito?

Si elegimos propósito, muchas herramientas del sistema actual pueden servirnos: la ciencia, la tecnología, los mercados, las instituciones, el dinero. El problema no son las herramientas, es la consciencia que las guía. Como advirtió Albert Einstein en una cita tal vez apócrifa, «Ningún problema puede ser resuelto en el mismo nivel de conciencia que lo creó», una verdad especialmente evidente en la economía global.

La historia ofrece ejemplos luminosos. La Declaración Universal de los Derechos Humanos nació tras la devastación de la Segunda Guerra Mundial. La Unión Europea surgió para sellar la paz en un continente fracturado por siglos de guerras. Los grandes avances de la humanidad casi siempre han surgido del dolor.

Pero esta vez tenemos algo que nunca antes existió: la posibilidad real de anticiparnos. Podemos evitar otra tragedia global. Podemos elegir un renacimiento de la consciencia antes del abismo. Ese es el propósito de la Economía de la Abundancia.

2. EL DINERO COMO MOTOR EVOLUTIVO

Pocas fuerzas han moldeado tanto el mundo como el dinero. Desde los imperios antiguos hasta los gigantes tecnológicos, el dinero ha sido un acelerador del cambio. La moral y la ética inspiran, pero avanzan lento. El dinero avanza rápido.

La revolución industrial no nació por amor al conocimiento, sino del deseo de generar riqueza. Las ciudades crecieron por logística, no por ideales. Incluso la educación y la salud pública se expandieron masivamente cuando se demostró que era más barato prevenir que reparar.

El dinero no es ni bueno ni malo: es un amplificador de lo que llevamos por dentro.

- Si lo guía el miedo y la avaricia, amplifica destrucción.
- Si lo guía la consciencia, amplifica bienestar.

El dinero es como la savia de un árbol: puede circular nutriendo cada rama o estancarse en una sola hasta pudrirse. La pregunta no es si el dinero puede cambiar el mundo, la pregunta es si estamos dispuestos a redirigirlo hacia el bien común y crear círculos virtuosos en beneficio de todos.

Impulsores del Cambio a lo Largo del Tiempo

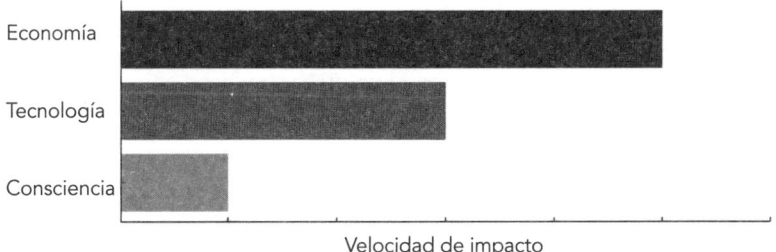

Velocidad de impacto

3. UNA CARRERA SIN DESTINO

Estudiamos para obtener títulos, no sabiduría. Trabajamos para producir, no para realizarnos. Competimos para *llegar*, aunque no sepamos adónde. Vivimos en una cinta de correr que nunca se detiene.

Nos obsesiona la velocidad: más rápido, más joven, más inteligente, más rico, más exitoso. Y en esa prisa olvidamos vivir.

El papa Francisco lo expresó con gran sabiduría: «Vivimos como si nunca fuéramos a morir, y morimos como si nunca hubiéramos vivido».

La buena noticia es que algo está despertando. Cada día son más quienes buscan coherencia, propósito, conexiones reales y autenticidad. Hay un despertar silencioso pero imparable. Las nuevas generaciones, además, ya vienen con una consciencia más afinada. La Economía de la Abundancia responde a ese anhelo: dejar de correr hacia el colapso y comenzar a caminar hacia la regeneración.

4. Tecnología vs. humanidad

Nunca hemos tenido tanto poder tecnológico y nunca hemos estado tan frágiles emocionalmente. Creamos máquinas que aprenden solas, pero no enseñamos a los niños a gestionar sus emociones. Colonizamos el espacio, pero no sabemos habitar nuestro interior en paz.

Necesitamos darle propósito humanista a la inteligencia artificial para que se convierta en aliada del despertar, no en un riesgo para la humanidad. Los humanos deben seguir siendo la prioridad.

La IA avanza a velocidad exponencial, pero la empatía, la compasión y la cooperación no. Invertimos trillones en innovación mientras la depresión y el suicidio alcanzan cifras récord. La tecnología debe amplificar nuestra humanidad, no reemplazarla.

La inteligencia artificial es un espejo de la consciencia humana. No es neutra. No es autónoma. Amplifica lo que somos. Sin propósito, puede convertirse en un arma. Con propósito, puede convertirse en una fuerza de evolución.

El principio clave es simple:

IA + propósito = aliada del despertar

Imagina una IA que:

- Evalúe el impacto social y ambiental de cada inversión.
- Acompañe procesos educativos con empatía digital.
- Refuerce decisiones conscientes.
- Ayude a gestionar emociones y hábitos.

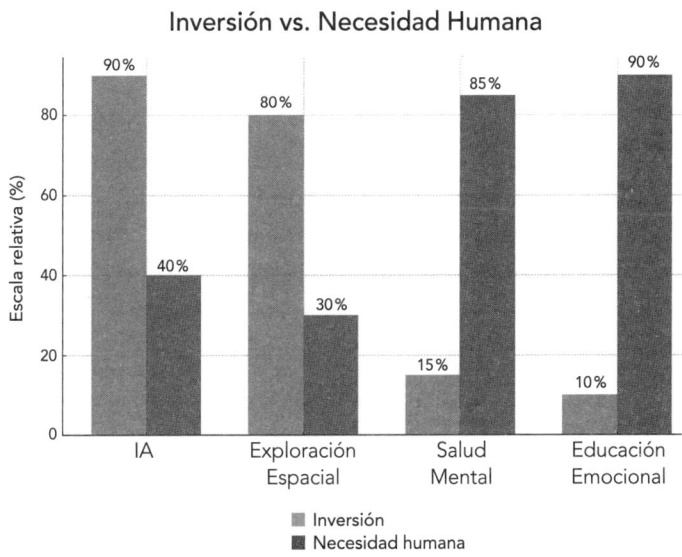

El dilema no es si la IA dominará al ser humano; es si el ser humano tendrá la madurez para guiarla con consciencia.

5. RECONFIGURAR EL SISTEMA

No basta con frenar la destrucción: hay que elegir un nuevo rumbo. Si el dinero sigue siendo motor, que sea para impulsar vida, no para acelerar el abismo.

Ya existen comunidades, empresas y gobiernos que practican la cooperación, la regeneración y el propósito. No son utopías: son prototipos del futuro.

- Emprendimientos con propósito.
- Inversiones regenerativas, más allá de lo sostenible.
- Empresas que miden el éxito por impacto real, no por ganancias rápidas.
- Educación integral para formar seres humanos, no solo productores.
- Gobiernos al servicio del bien común.

El futuro, más allá de los algoritmos, dependerá del desarrollo de nuestra consciencia colectiva. O, como dijo Buckminster Fuller: «No cambias las cosas luchando contra lo existente, sino creando un modelo nuevo que haga que lo antiguo se vuelva obsoleto», y ya vemos ese modelo emergiendo.

DEL VIEJO AL NUEVO PARADIGMA ECONOMICO

VIEJO PARADIGMA	NUEVO PARADIGMA
CRECIMIENTO INFINITO	PROSPERIDAD SOSTENIBLE
MEDIR PIB	MEDIR BIENESTAR
COMPETENCIA Y ESCASEZ	COLABORACIÓN Y ABUNDANCIA
CAPITAL HUMANO EXPLOTADO	CAPITAL HUMANO CUIDADO
GANANCIA A CORTO PLAZO	VALOR A LARGO PLAZO

6. CONCLUSIÓN

Estamos en una encrucijada histórica. Podemos seguir acelerando hacia el colapso o detenernos para caminar hacia un nuevo renacimiento. El dinero, la tecnología y las instituciones no son enemigos: son herramientas. Lo que determina si destruyen o construyen es la consciencia que las guía.

La Economía de la Abundancia no es utopía. Es una posibilidad real, accesible y urgente. Y comienza con un despertar interior que se vuelve colectivo.

Cada paso consciente es una semilla de renacimiento. «You are my hope».

CAPÍTULO 8

LA NUEVA OLA DE RIQUEZA

No se trata de tener más, sino de ser más, juntos.

La economía basada en el egoísmo de la escasez está llegando a su límite histórico. Para salvarnos a nosotros mismos y al planeta necesitamos dar un salto evolutivo que transforme el modelo que extrae, agota y divide hacia uno que regenera, expande y une. Ese salto se llama Economía de la Abundancia. Y no es un ideal filosófico; es la próxima gran ola de riqueza global.

Pero antes de explicarlo, déjame comenzar por una historia que me marcó para siempre.

1. LA PRIMERA OLA QUE NO SUPE SURFEAR

En 1994, cuando comencé a trabajar en la firma de abogados de Nueva York, solo los socios tenían ordenador. Así de incipiente era todo. Pero pronto llegó AOL (America Online), la fiebre del Internet y la sensación creciente de que quien no se subiera a esa ola desaparecería. De pronto, el futuro parecía inclinarse hacia quienes entendieran ese nuevo lenguaje digital que apenas empezaba a formarse.

En 1999 decidí hacer una pausa en mi práctica legal y lanzarme al agua con mi primer negocio. Cofundé, junto con unos importantes y sofisticados clientes, Asia ToME, una plataforma ambiciosa para conectar exportadores de Asia con América Latina. La visión era extraordinaria; la ambición, también. Había entusiasmo, recursos, talento y una convicción compartida de estar adelantándonos a nuestro tiempo.

Pero fracasamos porque no entendimos la ola; queríamos surfearla sin comprender el océano. No supimos leer los vientos, las corrientes ni la inmadurez del propio mercado digital. No pudimos rescatar valor alguno, más allá de una experiencia invaluable. Aprendí una gran lección: sumarse a una tendencia sin comprenderla profundamente es una receta para el fracaso, por brillante que sea el equipo que la impulsa. Como indicó Sócrates, la sabiduría comienza en la consciencia de la propia ignorancia, y nosotros creíamos saber más de lo que realmente sabíamos.

Lo mismo ocurrió con miles de empresas en todo el mundo. Y lo mismo ocurrirá ahora con la nueva ola de riqueza sustentada en la sostenibilidad. Muchas organizaciones se colocan la *etiqueta verde* por moda, no por consciencia, y eso es siempre un error estratégico. Solo quienes comprendan la profundidad y urgencia del cambio liderarán el futuro. En palabras de Peter Drucker, padre de la gestión empresarial contemporánea, «La mayor amenaza en tiempos de cambio no es el cambio en sí, sino actuar con la lógica del pasado».

Por eso, después de treinta años de experiencia empresarial, dedico mi trabajo en *Cambio 16* a impulsar esta nueva ola con entendimiento real, acompañando e inspirando a personas, empresas y gobiernos hacia una economía regenerativa que sea viable económicamente.

2. LA NUEVA OLA DE RIQUEZA: LA CREACIÓN DE ABUNDANCIA SOSTENIBLE

La próxima gran ola de riqueza no es solo tecnológica. Es la ola de la regeneración, de la consciencia aplicada a la economía, de un modelo de abundancia sostenible. Y es inevitable por una razón simple: todo lo que producimos, consumimos y hacemos debe transformarse si queremos seguir habitando este hermoso planeta.

Se trata, más allá de cualquier ideal, de un límite físico, ecológico y civilizatorio que obliga a repensarlo todo.

Pero aquí está lo decisivo: esta transformación no solo es necesaria, sino que es rentable. Será, con toda probabilidad, la mayor fuente de riqueza del siglo XXI. No porque lo diga yo, ni porque esté de moda, ni porque lo recomiende un organismo internacional. Sino porque la humanidad no tiene otra opción económica, científica ni ética para evolucionar.

Como anticipó el economista Kenneth Boulding: «Quien crea que un crecimiento infinito es posible en un planeta finito, o está loco o es economista». Hoy sabemos que la salida no es crecer más, sino crecer mejor.

Los datos lo confirman:

- La economía verde superará los 10,1 billones de dólares para 2030 (World Economic Forum).
- El 90 por ciento de los CEO considera la sostenibilidad clave para el futuro de sus empresas (Accenture & UN Global Compact).
- La economía circular podría generar 4,5 billones de dólares en beneficios netos para 2030 (Ellen MacArthur Foundation).

- Según la OCDE y el PNUD, actuar con decisión contra el cambio climático podría aumentar el PIB mundial entre 0,2 y 0,23 por ciento para 2040 y sacar a 175 millones de personas de la pobreza antes de 2030.
- La economía verde creará 24 millones de empleos para 2030, mientras que no actuar podría costar 72 millones de puestos debido al estrés térmico.
- 2024 registró la mayor expansión de energías renovables en la historia de la humanidad.

Sin embargo, esta nueva economía exige algo que no aparece en ningún balance financiero: un cambio de consciencia y una redefinición profunda de lo que llamamos riqueza. Como señaló Gandhi, «La Tierra ofrece lo suficiente para satisfacer las necesidades de todos, pero no la codicia de unos pocos». La ola que viene no es solo económica, es cultural, espiritual y civilizatoria.

3. Una oportunidad del tamaño del planeta

Donde algunos ven crisis climática, ecosistemas colapsados o desigualdad creciente, otros ya observan la mayor oportunidad económica de la historia humana. No hablo de filantropía. No hablo de *ser buenos*. Hablo de negocios rentables que regeneran en lugar de destruir.

Un ejemplo extraordinario es Selva Nevada, la empresa colombiana fundada por Natalia Amaya. Transforma frutas amazónicas en productos naturales, genera prosperidad para comunidades indígenas y ayuda a proteger la biodiversidad. Esto es la abundancia en acción: crear riqueza mientras se crea y preserva la vida.

Además, Amaya ha construido una red de colaboración con recolectores locales, mujeres campesinas y organizaciones ambientales, integrando prácticas de comercio justo y trazabilidad que aseguran que cada producto conserve su origen ético y regenerativo. Su visión ha permitido revalorizar especies nativas tradicionalmente invisibles en el mercado global —como el arazá, el copoazú o el camu camu— y convertirlas en ingredientes de alto valor agregado para helados, pulpas, bebidas y extractos naturales.

Con ello ha demostrado que una empresaria puede ser, al mismo tiempo, innovadora, regenerativa y profundamente comprometida con la vida. Selva Nevada no solo comercializa sabores: restaura tejido social, cultural y ecológico en una región donde la economía extractiva ha predominado durante décadas.

Se trata de profundidad. Se trata de regenerar. Se trata de elevar. Quienes despierten a esta ola avanzarán con ella, tanto económica como moralmente. La historia siempre favorece a quienes entienden el rumbo del tiempo.

Los cambios verdaderamente transformadores serán aquellos capaces de convertirse en modelos de negocio escalables. El dinero seguirá siendo un motor, pero ahora debe fluir hacia productos y servicios que beneficien a todos, no hacia aquellos que se masifican con *marketing* vacío y engañoso.

Lo importante para el cambio es seguir el consejo de Alvin Toffler, quien mencionó que «los analfabetos del siglo XXI no serán quienes no sepan leer ni escribir, sino quienes no puedan aprender, desaprender y reaprender».

Quienes ignoren esta ola, tarde o temprano, no solo perderán competitividad: perderán también relevancia, confianza y sentido.

4. DEL HACER AL SER. LA VERDADERA MANIFESTACIÓN DE RIQUEZA

La nueva ola exige un cambio profundo: pasar del hacer compulsivo al ser consciente. Soltar la idea de que nuestra existencia se define solo por la producción constante. Lo importante no es lo que hacemos, sino desde dónde lo hacemos, desde la ansiedad o desde la presencia; desde el miedo o desde la verdad interior.

El sistema educativo, aún anclado en la era industrial, forma productores eficientes para un mundo que ya no existe. Pero olvida formar seres humanos plenos. Esa carencia ha generado la epidemia silenciosa de nuestra época: ansiedad, depresión, vacío y desconexión. Hoy, más que productividad, necesitamos propósito.

Y las nuevas generaciones ya vienen con otro código:

- Buscan propósito.
- Exigen autenticidad.
- Piden coherencia.
- Desean impactar.
- Quieren sanar al mundo y a sí mismos.

La riqueza del futuro no se medirá solo en capital financiero, sino también en capital natural, humano, relacional y espiritual.

Cuando el hacer brota del ser auténtico, cada acción se vuelve medicina, cada empresa un acto de servicio y cada decisión una semilla de futuro. El éxito no se impone; se ofrece desde la verdad interior. Y eso lo transforma todo.

Necesitamos más ideas, ejecutores y creadores conscientes. Educadores capaces de despertar la consciencia de nuestros niños y jóvenes. Líderes, padres, profesionales y jóvenes dispuestos a generar valor desde la autenticidad.

Como escribió Viktor Frankl: «El éxito, como la felicidad, no se puede perseguir; debe suceder [...] como resultado de dedicarse a una causa mayor que uno mismo».

Hoy esa causa es clara: regenerar la vida humana, social y planetaria.

5. Preguntas clave para subirte a la ola

Si este capítulo te ha movido algo por dentro, comienza por preguntarte:

- ¿Qué me apasiona profundamente?
- ¿Qué impacto quiero dejar en el mundo?
- ¿Qué parte de mí actúa desde el miedo o el ego?
- ¿Qué me impide actuar desde mi ser auténtico?
- ¿Qué necesita mi alma y con qué resuena mi ser?

Respóndete con honestidad y responsabilidad. Ahí comienza la abundancia. Ahí comienza tu ola.

6. Conclusión. La ola ya se está formando

No necesitas ser experto. No necesitas ser perfecto. No necesitas ser millonario. Solo necesitas estar despierto, comprometido con tu proceso de expansión de la consciencia y dispuesto a dar un primer paso. El verdadero cambio empieza en ti. Desde ahí, cualquier manifestación externa será sólida, auténtica y duradera.

Pero recuerda: las olas no esperan. Quien no se suba a tiempo quedará mirando desde la orilla cómo otros construyen el futuro. La nueva economía será humana, expansiva y luminosa. Y está empezando ahora.

Haz una lista de tus habilidades, pasiones y valores. Elige un área donde puedas aportar. Da un paso, aunque sea pequeño. Ese gesto ya es abundancia. «You are my hope».

Capítulo 9

Equilibrio existencial

La base de la abundancia

«La naturaleza no se apresura, y aun así todo se cumple», dijo Lao-Tsé.

Sin equilibrio no hay vida; sin vida no hay economía. La abundancia solo es posible cuando recuperamos el equilibrio perdido.

La Economía de la Abundancia integra la lógica de la naturaleza en las reglas que rigen nuestras decisiones. Ese equilibrio no comienza fuera: empieza dentro de cada persona, se expande a lo social y culmina en lo productivo.

Pero ese equilibrio interior no surge espontáneamente. Comienza con un acto esencial, exigente y hoy profundamente olvidado: el respeto. Respeto a uno mismo, respeto a los demás y respeto a la vida que nos sostiene. Sin respeto, el equilibrio no se construye; se simula.

El respeto no es cómodo ni automático. Es una práctica consciente, diaria y radical. Exige frenar donde hemos aprendido a acelerar, renunciar donde nos enseñaron a acumular y decir no donde durante años dijimos sí.

Solo así puede surgir un modelo regenerativo que sustituya la destrucción y la acumulación por una expansión armónica que honre la vida en todas sus formas.

1. EL EQUILIBRIO COMO LEY UNIVERSAL

Todo en la vida opera en ciclos: inhalar y exhalar, día y noche, estaciones, sembrar y cosechar. La naturaleza no prospera por imposición, prospera por equilibrio. Sostiene la diversidad gracias a una regulación constante que impide que una sola especie crezca ilimitadamente a costa de las demás. El equilibrio es la inteligencia silenciosa que sostiene la vida.

Nada crece sin límite sin generar consecuencias indeseables. Cuando un elemento excede su límite natural, el sistema completo se resiente. El respeto es, en términos ecológicos, el reconocimiento consciente de esos límites. Lo mismo ocurre con la economía actual, que durante décadas ha crecido sin considerar sus límites biofísicos. Hoy vivimos esas consecuencias: colapso climático, agotamiento de ecosistemas, ansiedad colectiva y desigualdad galopante. Como advirtió el economista Herman Daly, pionero de la economía ecológica: «El crecimiento ilimitado es la ideología de la célula cancerosa». Una frase dura pero precisa.

Durante siglos priorizamos la ganancia sobre el bienestar, tratando a las personas y a la naturaleza como insumos infinitos. Este desequilibrio externo no es casual: es el resultado de una cultura de irrespeto normalizado. Irrespeto por el cuerpo humano, por el tiempo, por los vínculos y por los límites naturales. No vivimos una crisis de conocimiento. Sabemos lo que destruye la vida y aun así lo seguimos haciendo. Eso no es ignorancia; es falta de respeto.

Creíamos que podíamos crecer sin límites ni responsabilidad, pero el poder que ahora tenemos —capaz de alterar el clima, modificar ecosistemas y afectar la salud mental de generaciones enteras— nos obliga a despertar. La destrucción ya no es un *coste colateral*; es una amenaza existencial.

El equilibrio es una ley estructural de la vida. El crecimiento verdadero multiplica la vida y se sostiene en el respeto como principio operativo.

2. LA SALUD DEL PLANETA ES NUESTRA SALUD

El aire, el agua, los mares y los suelos determinan nuestra salud física, emocional y social. Vivimos una epidemia de estrés, ansiedad y agotamiento, y no es casualidad: hemos roto el vínculo sagrado con la naturaleza que regula nuestros ritmos internos.

Cuando una sociedad pierde el respeto por la naturaleza, pierde simultáneamente el respeto por su propia salud. El desorden de nuestro mundo interior se refleja inevitablemente en el mundo exterior que hemos creado.

La OMS advierte que, para 2030, la depresión será la principal causa de discapacidad en el mundo. La evidencia científica es clara:

- El contacto con la naturaleza reduce el estrés, restaura la atención y mejora el bienestar emocional. Estar en presencia de árboles, plantas o cuerpos de agua tiene un impacto directo y mensurable en nuestra fisiología.
- Los espacios verdes urbanos disminuyen la ansiedad y mejoran la calidad de vida.
- El *shinrin-yoku* ('baño de bosque') reduce el cortisol, baja la presión arterial y activa zonas del cerebro asociadas a la calma y la regulación emocional.

La justicia social y la justicia ambiental son la misma cosa. Ambas nacen del mismo principio: el respeto por la vida. No puede haber abundancia sostenible en un planeta enfermo de irrespeto y desequilibrio.

3. APRENDER DE LA NATURALEZA

La naturaleza, en vez de competir, coopera, circula y regenera. Y, aun así, todo prospera. En un bosque hay ritmo; en una colmena hay organización; en un río hay flujo.

La cooperación expresa un respeto sistémico: cada organismo reconoce su función y sus límites dentro de una red que prioriza la continuidad de la vida. Por eso, la economía del futuro verá a la naturaleza como maestra. Mi amigo Gunter Pauli, creador de la Economía azul, lo resume así: «No se trata de ser menos malos, sino de rediseñar todo el sistema imitando a la naturaleza».

Algunos ejemplos reales del trabajo de Pauli son:

- Pesca con burbujas, inspirada en las ballenas, que permite capturar solo lo necesario, preservando hembras preñadas y machos jóvenes, y reemplazando redes tradicionales que destruyen poblaciones marinas.
- Pañales con zeolita, que sustituyen la celulosa por un mineral natural, evitando la tala masiva de bosques y logrando un producto más eficiente.
- Hongos nutritivos cultivados en residuos de café, aprovechando el 99,8 por ciento del grano que hoy se desecha. Este es probablemente su caso más famoso.
- El Hierro (España), primer territorio del mundo en operar con energía cien por ciento renovable de manera estable.
- El barco Porrima, impulsado por energía solar, hidrógeno y algas, capaz de navegar alrededor del planeta demostrando la viabilidad del transporte regenerativo.

La naturaleza es, en realidad, el manual técnico más completo que tenemos para diseñar la economía del futuro. Como dijo Janine Benyus, fundadora del biomimetismo: «La vida ha estado aquí 3800 millones de años. La naturaleza ya ha resuelto los problemas que nosotros apenas estamos empezando a comprender».

4. EL EQUILIBRIO COMO PRÁCTICA

Personas desequilibradas crean sistemas desequilibrados. Personas equilibradas crean abundancia. El primer paso no es político, ni tecnológico, ni económico; es interno. Buscar el equilibrio es una de las decisiones más importantes en la vida de una persona, porque de él se desprenden consecuencias positivas en todas las áreas de la existencia.

Y ese primer paso interno es el respeto a uno mismo, al cuerpo, al tiempo, a los ritmos y a los límites físicos y emocionales. Una persona que no se respeta termina explotándose; y quien se autoexplota termina explotando a otros.

Desde una mente en paz, con un corazón en orden y un cuerpo sano, nuestras decisiones mejoran. El equilibrio no es debilidad: es poder interior. Y muchas personas equilibradas pueden, juntas, crear la Economía de la Abundancia.

El equilibrio no es un estado fijo; es un péndulo que se mueve, pero siempre sabe volver al centro. Los antiguos griegos lo llamaban *sophrosyne*, la virtud de la templanza, la moderación y el pensamiento correcto. Platón la vinculaba a la sabiduría; Aristóteles, al punto medio entre dos excesos.

Marco Aurelio lo expresaba así en sus *Meditaciones*: «La verdadera tranquilidad es el orden del alma».

Hoy, millones de personas buscan ese equilibrio a través de la religión, el yoga, el *mindfulness*, la meditación y la respiración consciente. También empresas y gobiernos comienzan a avanzar hacia modelos más equilibrados:

- La economía circular, inspirada en los ciclos naturales.
- La agroecología regenerativa, que restaura suelos y protege la biodiversidad.
- Las empresas B y los modelos de triple impacto, que equilibran lo económico, social y ambiental.
- La teoría del dónut, que propone un marco visual para armonizar límites ecológicos y justicia social.

Debido a su importancia, la edición de junio de 2025 de *Cambio 16* está dedicada al equilibrio, como parte de nuestro propósito de fomentar un cambio de consciencia para la construcción de una economía de abundancia sostenible.

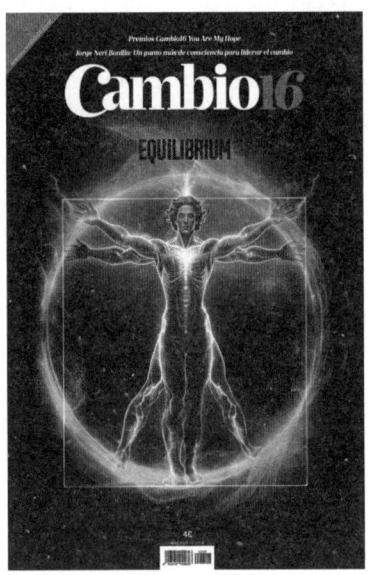

5. SEÑALES DE DESEQUILIBRIO Y CÓMO VOLVER AL CENTRO

El desequilibrio no es abstracto, se siente en el cuerpo, en la mente y en la vida diaria. Muchas de estas señales comparten una raíz común: la perdida de respeto por uno mismo y por los demás.

A continuación, una guía sencilla de cuatro desequilibrios comunes y posibles soluciones:

Desequilibrio común	Cómo se manifiesta	Acción de mejoría
Exceso de trabajo o productividad	Fatiga crónica, irritabilidad y falta de paciencia	Pausas conscientes, respiración y contacto con la naturaleza
Consumo impulsivo	Ansiedad, vacío y necesidad de acumulación	Registrar las emociones antes de comprar. Hacer dietas de compras
Aislamiento digital	Pérdida de conexión real, de relaciones e insomnio	Establecer espacios sin pantallas y reconectar con vínculos significativos
Falta de propósito	Desmotivación. Falta de ganas de vivir	Voluntariado, lectura espiritual y proyecto de contribución. Centrarse en el dar

El equilibrio pronto deberá ser una asignatura estructural en los sistemas educativos, en las organizaciones y en los gobiernos. No por bienestar superficial, sino para construir un liderazgo sostenible, de transformación real, basado en el equilibrio. Las organizaciones y los gobiernos que ignoren esto fracasarán por desgaste humano y no por falta de talento.

6. Conclusión

El equilibrio es fuerza y una forma de supervivencia. El respeto constituye una condición estructural del equilibrio.

Habrá personas sanas, sociedades justas y ecosistemas vivos cuando el respeto se practique de forma radical, íntegra y constante.

Como recordó Nietzsche, «No es la falta de amor, sino la falta de equilibrio lo que hace infelices a las personas».

En mi caso, durante muchos años creí que el equilibrio era una forma de tibieza o falta de ambición. Más tarde, nada me ha acercado más a la abundancia que comprender que el equilibrio es claridad, coherencia y poder interior.

La abundancia no falla por falta de recursos. Falla cuando dejamos de respetar la vida. La naturaleza ya muestra el camino. La abundancia está ahí, paciente, esperando que sepamos verla y, sobre todo, honrarla.

CAPÍTULO 10
EL BIENESTAR
La nueva moneda de la economía

Vivimos en una época en la que la humanidad ha alcanzado niveles de desarrollo impensables y, sin embargo, el bienestar humano se ha desplomado como nunca antes. En el capítulo anterior vimos cómo el desequilibrio sistémico se manifiesta en ansiedad, agotamiento y una desconexión masiva que erosiona nuestras capacidades más esenciales. Este capítulo, más allá de la crisis, se centra en la solución: comprender que el bienestar es el activo estratégico más valioso de la economía del futuro.

El bienestar será la nueva moneda. Una moneda que no se imprime, se genera; que no se acumula, se comparte; que no circula, se irradia. Esta idea representa una ruptura histórica. Donde la economía clásica confundió crecimiento económico con progreso, la economía despierta comprende que sin bienestar no existe prosperidad sostenible ni capacidad real de transformación.

1. EL BIENESTAR: EL INGREDIENTE TRANSFORMADOR DE LA ECONOMÍA

El bienestar integral —mental, emocional, físico y espiritual— es la base sobre la que se edifica una vida consciente y una sociedad madura. Como escribió el economista Amartya Sen, «El desarrollo es la expansión de las capacidades reales de los individuos para vivir una vida que valga la pena vivir». Esa es, precisamente, la esencia del bienestar como nuevo valor de referencia: ampliar nuestras capacidades interiores para crear vidas más plenas, libres y significativas.

Las personas que gozan de bienestar viven con mayor claridad y actúan con mayor coherencia. Además de mejorar su propia experiencia vital, se encuentran en mejores condiciones para inspirar, transformar y liderar. Solo con seres humanos íntegros es posible construir sistemas que generen abundancia para todos.

El bienestar no es simplemente salud, ni paz mental, ni entretenimiento, ni comodidad. Tampoco es evasión ni la ausencia de problemas. De hecho, la paz no se alcanza evitando la vida, sino transformando la manera en que la habitamos*.

Por ello, el bienestar puede definirse como la capacidad de operar en nuestro nivel óptimo de energía, claridad, propósito y coherencia en relación con nuestro entorno. Esta definición se basa en cuatro pilares esenciales:

- Energía: El estado biológico que sostiene nuestras acciones y nuestra presencia en el mundo.
- Claridad: La lucidez mental para pensar, decidir y percibir sin distorsiones.
- Propósito: La dirección que da sentido a nuestra vida y orienta nuestras decisiones.
- Coherencia: La alineación entre lo que pensamos, sentimos, decimos y hacemos.

---

* Jiddu Krishnamurti, *La mente en silencio*, Barcelona, Kairós, 2022.

Cuando estos cuatro pilares se integran, el bienestar deja de ser un estado emocional pasajero y se convierte en una potencia humana: estable, no manipulable y capaz de generar valor real y medible.

2. El bienestar como generador de riqueza

El bienestar no cuesta: produce. Entendido de esta forma, debemos aceptar algo profundamente innovador: la economía del siglo XXI ya no puede sostenerse únicamente sobre el crecimiento, sino sobre el bienestar humano.

Durante décadas, gobiernos, empresas y sociedades han medido su progreso a través del PIB, la productividad, el consumo o el capital acumulado. Hoy sabemos que esas métricas describen movimiento, pero no prosperidad. Una sociedad puede crecer económicamente mientras se destruye por dentro. Eso no es progreso, sino decadencia acelerada.

El bienestar es el único factor que impacta simultáneamente en múltiples dimensiones esenciales:

- Mejora la productividad real y sostenida.
- Incrementa la creatividad y la innovación.
- Reduce costos sistémicos (salud, inseguridad, conflictos laborales).
- Fortalece la cohesión social.
- Genera estabilidad institucional.
- Atrae talento y capital a largo plazo.
- Aumenta la legitimidad política.
- Multiplica la calidad de vida.

Cuando el bienestar aumenta, el sistema entero sube de nivel. Cuando disminuye, todo sistema entra en decadencia.

Por eso, el bienestar colectivo será más valioso para la economía que cualquier moneda actual.

Desde la plataforma *Cambio16*, a través de la Academia del Cambio, hemos comprobado que el bienestar integral transforma personas, optimiza organizaciones y cataliza gobiernos más humanos y eficientes. No es una teoría: es un patrón verificable en cada proceso de cambio que acompaña una verdadera expansión de la consciencia.

Además, el bienestar personal pronto dejará de ser un asunto privado o secundario; se convertirá en una credencial decisiva para acceder a oportunidades. Las empresas priorizarán a quienes integran competencias técnicas con equilibrio emocional, claridad mental y propósito.

El bienestar será un requisito para contratar, ascender y sostener el liderazgo. Y las sociedades exigirán que sus dirigentes no solo prometan bienestar colectivo, sino que lo encarnen en su forma de actuar, en sus decisiones y en la manera en que viven.

3. La pirámide del bienestar:
LA BASE OCULTA DE LA ABUNDANCIA

Para comprender cómo el bienestar transforma la economía, conviene observar su arquitectura completa. El bienestar no es un fenómeno aislado ni un estado individual: opera como un sistema vivo que se despliega en tres niveles interdependientes.

El primero es el *bienestar personal*, que constituye el cimiento sobre el cual se apoya cualquier proceso de crecimiento. Cuando una persona se fortalece —física, mental y emocionalmente— adquiere mayor capacidad para crear, decidir y relacionarse con lucidez, y esa energía inicial se convierte en la chispa que impulsa toda transformación posterior.

El segundo nivel es el *bienestar laboral*, el ámbito donde transcurre gran parte de nuestra vida adulta. Las organizaciones que cultivan entornos saludables —con culturas basadas en el respeto, la autonomía, la colaboración y el propósito compartido— se vuelven más creativas, más estables y más capaces de sostener procesos de innovación auténtica. El bienestar, en este contexto, actúa como un multiplicador silencioso de talento, cohesión y rendimiento.

El tercer nivel es el *bienestar colectivo*, que refleja el estado emocional, ético y político de una comunidad. Aquí el bienestar se manifiesta como confianza social, calidad institucional, sentido de pertenencia y visión compartida. Cuando una sociedad cuida estos elementos, se vuelve más resiliente y abre espacio a proyectos de futuro más amplios y transformadores.

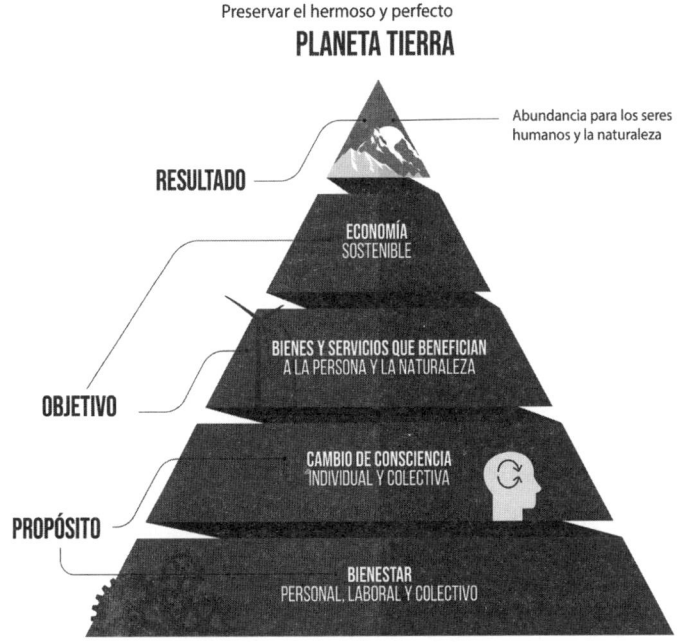

Preservar el hermoso y perfecto
PLANETA TIERRA

Abundancia para los seres
humanos y la naturaleza

RESULTADO

ECONOMÍA
SOSTENIBLE

BIENES Y SERVICIOS QUE BENEFICIAN
A LA PERSONA Y LA NATURALEZA

OBJETIVO

CAMBIO DE CONSCIENCIA
INDIVIDUAL Y COLECTIVA

PROPÓSITO

BIENESTAR
PERSONAL, LABORAL Y COLECTIVO

Cuando estos tres niveles se articulan —cuando las personas se fortalecen, los entornos laborales se humanizan y la comunidad se cohesiona—, el sistema alcanza un verdadero punto de inflexión. Es en ese cruce donde nace la posibilidad real de abundancia.

La abundancia consiste en una dinámica virtuosa donde el bienestar impulsa la prosperidad, y la prosperidad, a su vez, crea mejores condiciones de bienestar. Es un ciclo expansivo que se apoya en la capacidad de una sociedad para sostener su salud integral y convertirla en energía creativa, económica y humana.

4. EL BIENESTAR COMO INFRAESTRUCTURA DE FUTURO

Si comprendemos el bienestar como una moneda, también debemos considerarlo una infraestructura fundamental, al nivel de la energía, el agua o la conectividad. Bajo esta perspectiva, los países del futuro gestionarán el bienestar como un asunto social e invertirán en él como un pilar estratégico de desarrollo. Esto implicará invertir en:

- Salud mental comunitaria.
- Espacios urbanos diseñados para reducir estrés.
- Educación emocional desde la infancia.
- Jornadas laborales adaptadas a ritmos biológicos.
- Tecnologías de autocuidado.
- Sistemas de gobernanza basados en el bienestar.

Estas inversiones dejarán de verse como *gastos* para convertirse en motores reales del crecimiento del siglo XXI.

Además, el bienestar ha dejado de ser una noción abstracta. Hoy puede medirse, observarse y modelarse con una precisión que era impensable hace apenas una década. La tecnología está impulsando una revolución silenciosa en este campo:

- Dispositivos que monitorean el estrés, el sueño y la energía.
- IA que ayuda a regular emociones y hábitos.
- Plataformas que personalizan el bienestar a escala.
- Ciudades inteligentes que optimizan el entorno para reducir la tensión cotidiana.

En este nuevo paradigma, el bienestar se convertirá en uno de los datos más valiosos de la economía, con el propósito de facilitar la prevención, el diseño social, la salud comunitaria y la toma de decisiones públicas basadas en una comprensión profunda de la experiencia humana.

La tecnología, en este sentido, está llamada a ampliar nuestra humanidad. Su función más elevada será ayudarnos a vivir de manera más alineada con nosotros mismos, con los demás y con la naturaleza, permitiendo que cada persona y cada comunidad encuentre un modo de vida más coherente, saludable y significativo.

5. El liderazgo de afuera hacia adentro

El bienestar es una responsabilidad profundamente personal. Es el punto de partida para liderar nuestra vida y, a partir de ahí, cualquier otro ámbito en el que actuemos. Resulta imposible conducir una familia, un equipo, una organización o un país desde el desequilibrio, porque ese estado termina filtrándose en cada decisión y deteriorando sus resultados.

El liderazgo del futuro se construirá desde dentro hacia fuera, como círculos concéntricos que expanden coherencia y presencia. Un líder sin bienestar no lidera: reacciona. Un líder con bienestar, en cambio, crea, inspira y transforma.

Nota: niveles de expansion del ser

Nivel de bienestar	Ámbito de impacto
Nivel 1	Vives desconectado. No puedes ayudarte ni a ti mismo
Nivel 2	Empiezas el camino del bienestar integral, y mejoras tu propia vida
Nivel 3	Asumes responsabilidad de tus acciones y empiezas el camino del despertar de la consciencia.
Nivel 4	Adquieres bienestar y una mayor claridad (consciencia) y puedes ayudar a tu familia
Nivel 5	Te pones como meta tu equilibrio y empiezas el camino hacia él
Nivel 6	Puedes contribuir y mejorar tu entorno laboral y/o comunidad
Nivel 7	Despierta tu consciencia hasta llegar a la compasión. Desde esta expansión, puedes liderar cambios sociales, empresariales o políticos

Cada nivel es una extensión natural del anterior. Se trata, dejando atrás cualquier ideal del perfección, de avanzar con perseverancia y propósito, permitiendo que el bienestar se convierta en la fuerza que sostiene y expande tu vida.

6. EJEMPLOS INTERNACIONALES
QUE LIDERAN EL CAMINO

En 2013, la ciudad de Santa Mónica, en California, tomó una decisión que marcó un antes y un después en la gestión pública: dejó de evaluar su progreso únicamente con indicadores económicos tradicionales. Comprendió que el crecimiento por sí solo no garantizaba vidas más plenas, y creó uno de los primeros índices de bienestar urbanos del mundo.

Este índice integraba seis áreas clave —transporte, zonas verdes, programas de salud mental, espacios comunitarios, participación social y satisfacción vital— y permitió que el gobierno local obtuviera una radiografía más precisa de la experiencia real de sus habitantes.

El efecto fue inmediato. Se trataba de medir mejor y de gobernar de otra manera. Cada una de estas áreas actuó como un punto de palanca: la mejora del transporte redujo el estrés diario; la ampliación de espacios verdes elevó la salud emocional; los programas de salud mental generaron resiliencia comunitaria, y los espacios de encuentro fortalecieron la cohesión social. Al integrar estos factores, Santa Mónica dejó de gestionar únicamente infraestructuras y comenzó a gestionar condiciones de vida, creando políticas más humanas, transversales y preventivas.

Este experimento urbano se convirtió en referencia mundial. Inspiró a países como Nueva Zelanda, que lanzó su célebre Wellbeing Budget, orientado a reducir desigualdades y mejorar la salud mental; a Finlandia, que integró el bienestar en su sistema educativo y laboral como objetivo estratégico; a Escocia y Canadá, que han incorporado métricas de bienestar en sus evaluaciones de impacto, y, por supuesto, a Bután, pionero en formular el concepto de *felicidad nacional bruta* como brújula de su desarrollo.

Todos estos países, cada uno desde su contexto, están apostando por una economía que se mide no solo por lo que produce, sino por la calidad de vida que genera.

El sector privado no ha tardado en seguir esta dirección. Empresas de vanguardia están reestructurando su cultura alrededor del bienestar colectivo, conscientes de que la creatividad, la innovación y la productividad sostenida florecen únicamente en entornos saludables.

Algunas organizaciones están integrando indicadores de bienestar en su planificación estratégica; otras han rediseñado espacios laborales, ritmos de trabajo y políticas internas para favorecer la claridad mental, el descanso, la autonomía y el propósito compartido.

Estos modelos no son perfectos ni están exentos de desafíos. Implementar métricas de bienestar exige una manera distinta de pensar, de presupuestar y de evaluar resultados. Pero representan algo mucho más importante que su propia eficacia inmediata: son señales claras del nuevo paradigma económico que está emergiendo. Un paradigma que reconoce que la prosperidad auténtica se sostiene en la salud integral de las personas, la cohesión social y la armonía con el entorno. Son los primeros pasos de una economía que entiende que la abundancia nace allí donde florece el bienestar.

7. Conclusión

El bienestar no es un destino. Es la vibración desde la cual una humanidad despierta decide crear su futuro. En la economía que viene la riqueza ya no se medirá por el capital acumulado, sino por el bienestar que somos capaces de generar y compartir.

Poner a la persona en el centro de la economía no es un eslogan, sino una revolución silenciosa. Y, como toda revolución auténtica, comienza en lo invisible, en la mente y el corazón de cada persona.

El dinero mide cuánto tienes, pero el bienestar mide quién eres y cómo vives. «You are my hope».

Capítulo 11

Bienestar laboral

El alma y la legitimidad de las organizaciones

Donde las personas se desarrollan, las organizaciones florecen. Cuando las personas se deterioran, las organizaciones acaban colapsando. Sin bienestar no puede haber verdadera legitimidad. El trabajo es uno de los elementos clave para alcanzar la plenitud personal. Y, del mismo modo que internet impulsó la competitividad en los años 90 —y la IA lo hace ahora—, el bienestar será el motor estratégico de las organizaciones en la nueva economía.

1. El bienestar: la nueva licencia social

El bienestar es mucho más que una tendencia; se convertirá en una parte esencial de la razón de ser de las empresas y en un indicador decisivo para determinar si una organización merece existir dentro de la nueva economía regenerativa. Es, además, el puente entre los centros de producción y los centros de propósito, y la puerta de entrada a la mayor transformación regenerativa de nuestra historia.

El lugar donde pasamos la mayor parte de nuestras vidas no puede seguir siendo un espacio de desgaste, conflicto o sacrificio. Necesitamos organizaciones vivas, capaces de cultivar el desarrollo humano y, ojalá algún día, el despertar de la consciencia de sus miembros.

El bienestar laboral —igual que el bienestar individual y colectivo— es un principio innegociable, y no una moda ni un capricho. Las empresas que no lo integren perderán talento, clientes y legitimidad social. Ignorarlo costará dinero y relevancia. Y la irrelevancia es, en el fondo, la verdadera quiebra de una organización.

Este capítulo propone una mirada distinta: el bienestar como motor de transformación productiva, humana y cultural.

2. Etapas personales y organizaciones con propósito

El bienestar laboral solo es real y duradero cuando los objetivos personales se alinean con los de la organización. Este es el reto fundamental de las empresas con propósito.

En su desarrollo natural, las personas atraviesan tres etapas:

- Etapa del yo: Búsqueda legítima de metas, aspiraciones y logros individuales.
- Etapa del nosotros: Transformación personal y social orientada a crear valor compartido.
- Etapa del legado: Gratitud, entrega desinteresada y deseo de devolver a la vida lo recibido.

En la Academia del Cambio hemos comprobado que una organización nunca podrá operar en la etapa del *nosotros* si sus líderes siguen atrapados en la etapa del *yo*. Esta desalineación es el origen de la desconexión entre propósito, cultura y resultados.

Por ello, los procesos de selección deben evaluar tanto la formación técnica como los intereses personales, los valores, el nivel evolutivo y el momento vital de cada candidato. Una empresa con propósito integra, al menos, estas cinco variables:

- Cultura corporativa como espacio de transformación y desarrollo.
- Actividad empresarial coherente con el propósito.
- Funciones laborales alineadas con talentos naturales.
- Entorno laboral basado en cooperación, compañerismo y logro colectivo.
- Compensación económica justa, actualizada y consciente.

A continuación, se presenta el cuadro que ilustra estas etapas.

Niveles de Bienestar Laboral y Propósito Organizacional

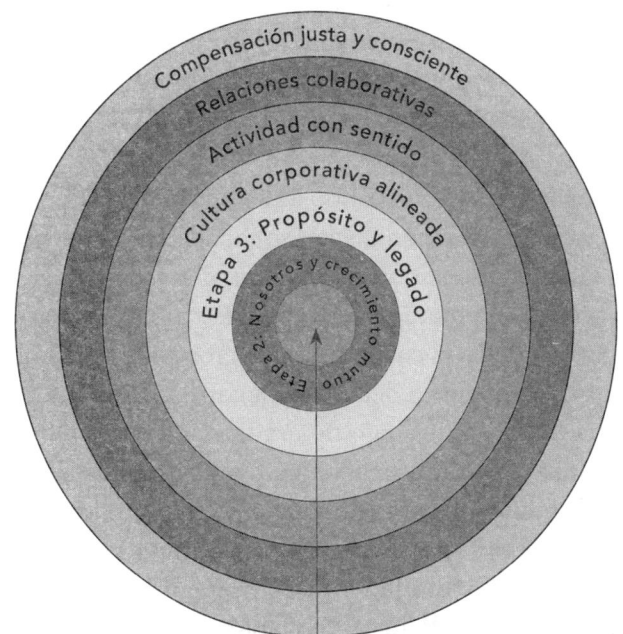

Etapa 1: Enfoque en el yo

El propósito no se impone; se encarna. Y solo puede encarnarse cuando el individuo y la organización se encuentran en la misma etapa evolutiva.

3. DEL TRABAJO COMO CARGA AL TRABAJO COMO PLENITUD

El paradigma del trabajo como castigo está colapsando. Para millones de personas, el trabajo se ha convertido en una forma moderna de esclavitud emocional. Sin embargo, está emergiendo un nuevo paradigma: organizaciones en las que trabajar significa crecer, contribuir y expandirse interiormente.

Para que este modelo pueda existir, deben confluir dos despertares: el de los líderes, que comprenden el bienestar como eje estratégico, y el de los individuos o trabajadores, que recuperan el amor por su labor. Cuando una persona conecta su trabajo con su esencia, se vuelve imparable; y cuando una organización se llena de personas que operan desde ese lugar, se vuelve capaz de regenerar y liderar.

La magia va a ocurrir cuando individuos (trabajadores, consumidores y ciudadanos) conscientes se encuentren con líderes conscientes. Cuando esa simbiosis madure, desaparecerá el espacio para el egoísmo, la manipulación y la destrucción, y nacerá una economía basada en la cooperación, el propósito y el bienestar.

Mi madre, miembro del Opus Dei, me enseñó que para san Josemaría Escrivá el trabajo no era un medio de subsistencia, sino un camino de perfeccionamiento espiritual. Desde esa perspectiva, el trabajo no es una obligación, sino una vocación que invita a crecer, servir y construir algo más grande que uno mismo.

Kazuo Inamori, fundador de Kyocera, llevó esta visión a la práctica empresarial. Para él, los trabajadores no eran recursos, sino *seres espirituales en evolución*. Y repetía algo que capturaba la profundidad de su enfoque: «El trabajo no es una carga; es una de las formas más poderosas de expresar el amor». Esa frase resume la unión necesaria entre líderes y trabajadores, ambos orientados a un propósito compartido.

Este es el nivel de profundidad que las organizaciones con propósito deben recuperar.

4. ORGANIZACIONES COMO ECOSISTEMAS VIVOS

Las organizaciones ya no pueden funcionar como máquinas jerárquicas orientadas exclusivamente a la eficiencia. Son ecosistemas vivos, con múltiples sistemas en interacción constante donde cada elemento afecta a los demás. Comprenderlas así implica aceptar que su salud depende de la vitalidad de las personas que las integran.

El bienestar se expresa en una cultura coherente, en una identidad compartida y en la correspondencia entre lo que se declara y lo que se vive. La verdadera transformación ocurre cuando el bienestar deja de ser una iniciativa aislada del departamento de recursos humanos y pasa a ocupar un lugar equivalente al de las finanzas, las ventas o la innovación.

Cuidar a las personas genera compromiso, mejora los resultados, amplifica la creatividad y expande el impacto positivo más allá de la organización. Una organización verdaderamente consciente, además, se reconoce parte de un mundo interdependiente y cuida también el planeta.

Las cinco dimensiones del bienestar laboral constituyen su sistema inmunológico:

- Física: Descanso, alimentación, ergonomía y movimiento.
- Emocional: Respeto, seguridad psicológica, empatía y gestión emocional.
- Mental: Claridad de rol, autonomía, equilibrio en la carga de trabajo y aprendizaje continuo.
- Relacional: Vínculos de calidad, cooperación y escucha activa.
- Propósito: Conexión con el sentido de la labor y su contribución.

A continuación, te presento un test para que puedas autoevaluar tu nivel de bienestar laboral. Este test se rellena puntuando del 1 al 5 tu nivel de bienestar en cinco áreas: física, emocional, mental, relacional y propósito. En cada categoría debes responder honestamente a la pregunta guía, usando 1 como *muy bajo* y 5 como *muy alto*. La idea es obtener una foto rápida de cómo te sientes en tu trabajo y detectar dónde necesitas más cuidado o apoyo.

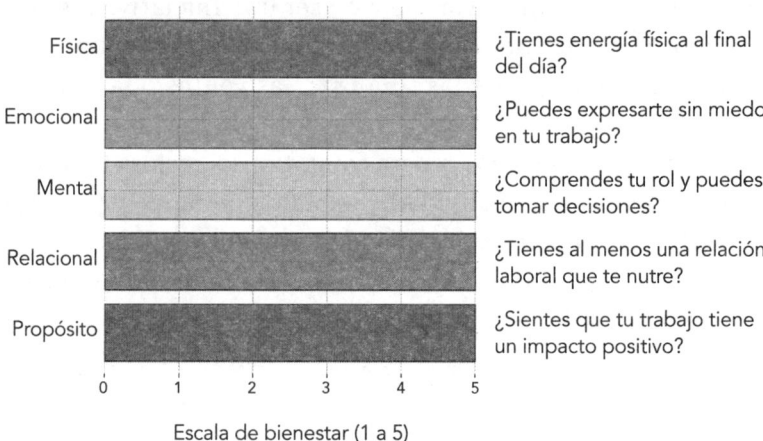

Check-in de Bienestar Laboral (Autoevalución)

Física	¿Tienes energía física al final del día?
Emocional	¿Puedes expresarte sin miedo en tu trabajo?
Mental	¿Comprendes tu rol y puedes tomar decisiones?
Relacional	¿Tienes al menos una relación laboral que te nutre?
Propósito	¿Sientes que tu trabajo tiene un impacto positivo?

Escala de bienestar (1 a 5)

Estas dimensiones forman un sistema interconectado: al fortalecer una, el conjunto se fortalece también.

5. RESPONSABILIDAD COMPARTIDA

El bienestar laboral se construye desde dentro, a través de una relación madura entre individuos y organizaciones. Ninguna empresa puede sostener el bienestar de personas que descuidan su propio equilibrio, y ningún individuo puede mantenerlo si trabaja en una cultura tóxica o deshumanizada.

La fórmula es sencilla: bienestar laboral = empresa + personas.

- Cuando la empresa promueve bienestar, pero las personas no se cuidan, el sistema pierde consistencia.
- Cuando las personas cultivan su bienestar, pero la organización ignora su humanidad, el sistema también fracasa.

No existe bienestar laboral sin responsabilidad compartida. Atribuirlo únicamente al individuo es injusto; asignarlo solo a la empresa es inviable. La abundancia requiere la participación consciente de ambos.

Pacto de Madurez Compartido: Empresa + Persona = Bienestar Real

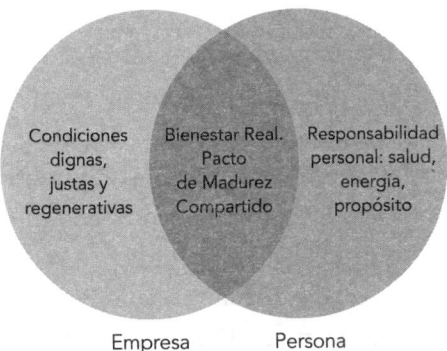

105

6. Principios y casos inspiradores

Cambiar una cultura organizacional exige nuevas coordenadas éticas y emocionales. Algunos principios esenciales son:

- Evolucionar del control hacia la confianza: Empoderar, delegar y permitir.
- Reemplazar el miedo por inspiración: Liderar con visión y apertura.
- Orientar la actividad al propósito: El beneficio aparece como consecuencia.
- Pasar de la lógica del ego a la fuerza del equipo: Humildad y aprendizaje conjunto.
- Fomentar la colaboración interna y externa.
- Sustituir la indiferencia por cuidado mutuo: Empatía, compasión y sinceridad.

Ejemplos reales que muestran su eficacia:

- Buurtzorg (Holanda): Autogestión total con más de catorce mil enfermeras, altísima satisfacción laboral y un 30 por ciento de reducción en costos de salud.
- Semco (Brasil): Transparencia radical, autogestión y horarios flexibles; ingresos que llevan creciendo entre un 20 y un 30 por ciento durante dos décadas.
- Microsoft Japón: Semana laboral de cuatro días, con más de un 40 por ciento de productividad y más de un 30 por ciento de energía reportada.
- Google (EE. UU.): Seguridad psicológica como principal factor de desempeño en el Project Aristotle.

- Salesforce: Más de diez millones de dólares anuales en salud mental; reconocida como una de las mejores culturas laborales del mundo.

7. EL BIENESTAR LABORAL ES RIQUEZA: MEJORA LOS KPI

El bienestar laboral, además de ético, es muy rentable. Cuando aumenta, mejoran las métricas clave de desempeño y el sistema económico se vuelve más estable. Las empresas que integran bienestar:

- Retienen talento.
- Atraen nuevos profesionales.
- Reducen el absentismo.
- Fomentan la creatividad y la innovación.
- Mejoran la productividad.
- Fortalecen sus resultados financieros.

Ignorar el bienestar tiene costos reales: rotación elevada, agotamiento, enfermedades crónicas, tensiones laborales y crisis ecológicas derivadas de una cultura basada en la presión permanente. A largo plazo, siempre es más costoso no invertir en bienestar que hacerlo a tiempo.

Muchos profesionales y líderes experimentan hoy una forma de *burnout* ético: reconocen que el sistema está dañado, pero no saben cómo iniciar un cambio. El bienestar se vuelve entonces la ventana de oportunidad para transformar estructuras, relaciones y decisiones.

8. Conclusión y preguntas

Las organizaciones exitosas del futuro respirarán propósito, cuidado y cooperación. El trabajo no es solo aquello que hacemos para vivir; es una expresión directa de quiénes somos. Cuando el alma se alinea con el propósito, el trabajo deja de sentirse como una tarea y se transforma en legado.

Las empresas que continúen considerando el bienestar como un costo tenderán a desaparecer. Aquellas que lo reconozcan como un activo estratégico tendrán la capacidad de liderar la Economía de la Abundancia.

A continuación, algunas preguntas para iniciar el cambio:

- ¿Tu entorno laboral te impulsa a crecer o limita tu desarrollo?
- ¿Qué significa para ti trabajar con propósito?
- ¿Qué puedes hacer hoy para mejorar el bienestar de tu equipo?
- ¿Cómo medirías el bienestar en tu empresa?
- ¿Estás dispuesto a rodearte de personas que vivan el bienestar como principio?
- ¿Qué ocurriría si mañana el bienestar fuera un requisito para ascender?
- ¿Qué legado deja tu organización en quienes forman parte de ella?

CAPÍTULO 12

EL LLAMADO:

SER AGENTES DEL CAMBIO

Hemos llegado al final de la primera parte, «El despertar». Ya no somos los mismos que al comenzar este viaje. Hemos reconocido que vivimos dormidos en una economía dormida, y que esa consciencia adormecida, producto de nuestro desequilibrio, dio forma a una economía destructiva. Pero también hemos visto con claridad que el bienestar es el primer paso para reconstruir un modelo de abundancia verdaderamente sostenible.

Sin embargo, el despertar no concluye en sí mismo. Despertar sin actuar se convierte en un instante de lucidez. Despertar es asumir una responsabilidad plena y absoluta de todos nuestros actos. Es un proceso real de cambio. Este capítulo existe para recordarnos que el despertar de la consciencia produce automáticamente un fuerte llamado. Un llamado a ocupar el lugar que cada uno puede y debe ejercer en la creación de un mundo más humano, más justo y regenerativo.

Porque si hemos despertado, entonces estamos invitados a actuar. Y para actuar con profundidad, necesitamos comprender quiénes somos en este camino y qué fuerza interior nos guía. Como escribió Antonio Machado: «Caminante, no hay camino, se hace camino al andar». Esta frase ilumina el tránsito que estamos a punto de iniciar: el movimiento que convierte la comprensión en práctica y la visión en transformación.

Aquí nace el puente entre el despertar y el camino.

1. LA RESPONSABILIDAD. EL RESULTADO DEL SER CONSCIENTE

Despertar es abrir los ojos a la realidad. Desde esa claridad surge la capacidad de hacernos responsables de nuestros actos y de convertirnos en creadores de nuestro destino individual y colectivo. La responsabilidad no es carga, culpa o imposición: es una verdad esencial que permite transformar la propia vida y generar impacto en el mundo.

Un ser dormido reacciona. Un ser despierto decide desde un centro más libre y más lúcido. En esa posibilidad de responder —en esa libertad interior— nace la responsabilidad auténtica, la que se asume sin fricción, sin posibilidad de evasión o dilación. Es en este punto donde el despertar se convierte en propósito. Viktor Frankl lo expresó con claridad: «Cuando ya no podemos cambiar una situación, tenemos el desafío de cambiarnos a nosotros mismos».

Si hemos llegado hasta aquí, es porque comprendimos que:

- El desequilibrio del sistema tiene causas profundas.
- El bienestar colectivo requiere creación y cuidado constante.
- La abundancia nace de una humanidad consciente.

La pregunta ahora es qué hacemos con esta comprensión. ¿Nos quedamos como espectadores del mundo que podría existir o participamos activamente en la construcción del mundo que necesitamos? Aquí se abre el mapa del camino.

2. Los cuatro caminos del ser consciente

No todas las personas transforman el mundo de la misma manera ni lideran desde el mismo lugar. Los alcances son distintos, pero todos pueden contribuir. Por eso propongo cuatro niveles naturales en el camino del cambio. No forman una jerarquía; son expresiones diferentes del mismo despertar.

a) *Agente del cambio*

El primer nivel, el esencial. Es quien transforma su vida y su entorno directo:

- Asume responsabilidad por su despertar.
- Revisa hábitos, creencias y comportamientos.
- Elige con consciencia qué consume, qué apoya y qué promueve.
- Irradia coherencia en su círculo inmediato: familia, trabajo y amistades.

El agente del cambio es la célula viva de la nueva Economía de la abundancia.

b) *Embajador del cambio*

La persona que asume su transformación y, al mismo tiempo, inspira la transformación de otros. Su vida se vuelve un mensaje, su bienestar influye y su coherencia despierta. Su impacto se expande a través de:

- Transmitir claridad y sentido.
- Crear o fortalecer comunidades conscientes.
- Influir desde la presencia y el ejemplo.

El embajador del cambio es el puente entre lo personal y lo colectivo.

c) *Maestro del cambio*

El maestro encarna su aprendizaje y enseña desde la experiencia. Su propósito se expresa en:

- Comprender la naturaleza humana con profundidad.
- Acompañar procesos de transformación.
- Reforzar la consciencia en su entorno.
- Sostener espacios de crecimiento y maduración colectiva.

Su contribución eleva el nivel de consciencia del sistema.

d) *Héroe del cambio*

Quien decide influir en estructuras amplias y complejas: políticas públicas, modelos económicos, sistemas educativos, culturas organizacionales o movimientos sociales. El héroe del cambio:

- Actúa movido por la compasión y una visión de futuro.
- Asume riesgos significativos por el bien común.
- Lidera transformaciones profundas.
- Abre posibilidades antes impensables.

Representa la expresión más elevada del despertar al servicio de todos.

3. EL LLAMADO

Este es un camino evolutivo. No implica obligación de convertirse en héroe, maestro o líder. Lo único imprescindible es asumir la responsabilidad de la propia vida. A partir de ahí, cada persona descubre su lugar natural en el mapa del cambio.

Algunos serán agentes discretos y firmes; otros se convertirán en embajadores; otros guiarán como maestros, y algunos transformarán estructuras enteras como héroes del cambio. Todos los caminos son necesarios. Todos aportan valor. Todos forman parte del renacimiento humano.

La primera parte termina aquí, porque ya has visto la realidad con nuevos ojos. La segunda parte comienza, porque ahora debes caminar hacia tu destino. Lo que sigue no es teoría: es un mapa para integrar el despertar en tu vida, para desarrollar las capacidades de la consciencia despierta y para aprender a actuar desde la sabiduría.

La parte I te despertó. La parte II te mostrará cómo encarnar tu rol. La parte III te dará las herramientas para vivirlo día a día. Ahora comienza el camino para convertirte, paso a paso, en agente, embajador, maestro o héroe del cambio.

La economía regenerativa que imaginamos solo será posible si quienes despiertan deciden avanzar.

PARTE II
EL CAMINO

CAPÍTULO 13

CAMBIO DE CONSCIENCIA

Del ego a la plenitud

E l mundo no cambiará porque cambien las leyes, las empresas o los gobiernos. El mundo cambiará cuando cambies tú.

Lo que vimos hasta ahora en la parte I es el diagnóstico: un sistema agotado, un modelo roto, un planeta al límite. Pero ninguna solución técnica será suficiente si no resolvemos el origen del problema: nuestra forma de pensar, sentir y vivir.

La verdadera transformación comienza en lo más íntimo de cada ser humano. No en los despachos, ni en los parlamentos, ni en las grandes empresas, sino en el espacio invisible de la consciencia.

Por eso, esta parte II comienza aquí: porque sin consciencia no hay liderazgo, no hay educación y no hay abundancia posible. Solo cuando encendemos esa luz interior podemos inspirar a otros, liderar con autenticidad, educar para el futuro y construir una economía que honre la vida.

1. ¿QUÉ ES LA CONSCIENCIA Y POR QUÉ ES ESENCIAL?

Para mí, la consciencia es Dios. En otros términos, es el canal que conecta nuestro ser con el universo, la verdad suprema o la vida misma. Lo importante es entender que sin consciencia vivimos atrapados en la ilusión del ego y, por tanto, en la incertidumbre. Con consciencia, vemos la verdad sin filtros y nos convertimos en creadores de nuestro destino.

No tener la consciencia despierta es como despegar en una avioneta para dar la vuelta al mundo sin instrumentos, de día y de noche, atravesando tormentas. El riesgo de perderse es casi absoluto. La consciencia son los instrumentos de vuelo que nos orientan hacia la plenitud, proporcionándonos claridad, dirección y entendimiento verdadero.

Como dijo Jesús: «Yo soy la verdad, el camino y la vida». ¿Qué quiso decir con ello? Su declaración señala tres dimensiones esenciales del despertar interior. La verdad, como la realidad última que disipa la ilusión del ego, más allá de dogmas. El camino, como la guía interior que orienta cada paso, más allá del destino. La vida, plena, abundante y con sentido, más allá de la biología. La consciencia encarna esa verdad, ese camino y esa vida. Todo lo que no es consciencia es ego: y el ego nos nubla, nos separa y nos aleja del propósito real de nuestra existencia.

La consciencia es la única condición primaria para una vida plena. En vez de ser un accesorio espiritual, es el cimiento del éxito personal, profesional y social. Con ella crecemos, servimos, inspiramos y construimos. Sin ella solo repetimos patrones de ignorancia y destrucción.

Sin consciencia la vida es azar. Con consciencia la vida es creación.

2. CONSCIENCIA Y ECONOMÍA:
UNA CONEXIÓN REVOLUCIONARIA

Aplicar la consciencia al sistema económico implica refinar tanto la oferta —empresas y líderes— como la demanda —consumidores— para diseñar, ofrecer y elegir bienes y servicios que contribuyan al bienestar humano y a la regeneración del planeta. Solo mediante este cambio estructural podremos sostener en el tiempo una economía verdaderamente abundante.

Aunque la idea parece sencilla, aún estamos lejos de vivirla. Muchos productos y servicios que consumimos por inercia resultan perjudiciales para la salud individual, social o ambiental: drogas, exceso de carne, sobrepesca, adicción a redes sociales, armas, combustibles fósiles, pornografía, alimentos ultraprocesados, plásticos de un solo uso o ciertos fármacos utilizados de forma indiscriminada.

Al mismo tiempo, seguimos sin reconocer ni retribuir adecuadamente los servicios esenciales que sostienen la vida. Profesores, médicos, bomberos, guardaparques o personal sanitario trabajan con enorme responsabilidad, y aun así reciben compensaciones que apenas les permiten vivir con dignidad. Mientras tanto, sectores como el entretenimiento o el deporte movilizan recursos inmensos.

El despertar de la consciencia invita a revisar nuestras escalas de valor desde lo fundamental. No se trata de un juicio moral, sino de reconocer que quienes sostienen el bienestar común deben estar en el centro de nuestra economía y nuestras decisiones.

Algunos ejemplos recientes:

- En España, bomberos y brigadas de extinción arriesgan la vida en incendios, y aun así perciben salarios inferiores a los dos mil euros. Una sociedad consciente sabe que esa escala de valor no refleja la importancia de su labor.
- En Madrid, un chuletón importado desde Australia se ofrece como lujo gastronómico. Su coste ecológico —transporte, emisiones, recursos— es muy superior al de la car-

ne local que podría cumplir la misma función culinaria. Un consumidor consciente elige opciones próximas y regenerativas.

- La *fast fashion* produce ropa barata a costa de destruir territorios y explotar personas. El consumo consciente apoya marcas circulares, éticas y responsables.

Este es el comienzo de una nueva relación entre consciencia y economía.

3. Cómo comienza el proceso del despertar

El despertar de la consciencia consiste en desaprender lo heredado que limita, liberar la identificación con el ego y mirar la vida desde el ser. Con frecuencia, este proceso surge a partir de una crisis profunda. Cuando la vida mecánica, sin propósito y desconectada, nos conduce al agotamiento interior, aparece un punto de inflexión. Desde ese vacío emerge una grieta por la cual entra la luz, un impulso interno que inicia el camino del despertar. El clic...

Aunque muchas personas despiertan de este modo, también es posible hacerlo desde la voluntad, la claridad o el deseo de vivir con verdad. Si estás leyendo este libro, es porque algo en ti ya se ha encendido.

A partir de ese momento comienza un proceso de sanación y de retorno al origen: al ser, a la verdad, a lo esencial. Inicia también una revisión profunda de creencias, condicionamientos y ataduras del ego. Con el tiempo, y en la dirección adecuada, surge una comprensión ampliada —una consciencia más lúcida— que nos conecta con lo divino y revela que la felicidad auténtica nace del amor, del servicio y del propósito. Como dijo Lao-Tsé: «Conocer a los demás es sabiduría; conocerse a uno mismo es iluminación».

En los estados de consciencia más bajos interpretamos el mundo a través de filtros condicionados por la memoria, las heridas, las emociones y el contexto. El despertar comienza cuando nos atrevemos a cuestionar esos filtros y a mirar desde el ser. Al reconocer que el ser puede comunicarse de manera constante con lo divino, descubrimos nuestros instrumentos de navegación interior: claridad, dirección y sentido.

4. EL SALTO CUÁNTICO:
DE LA SEPARACIÓN A LA UNIDAD

La consciencia puede elevarse de forma repentina, como una partícula que cambia de estado al alcanzar un umbral de energía. Este *salto cuántico de la consciencia* funciona como una metáfora respaldada por la ciencia contemporánea.

Estudios recientes han identificado cambios súbitos en patrones neuronales asociados a momentos de *insight* profundo y ampliación de la consciencia. Otras investigaciones sugieren la posible existencia de estados cuánticos funcionales en microtúbulos cerebrales relacionados con la memoria y la percepción, hallazgos publicados en *Neuroscience of Consciousness* (Oxford University Press, 2025)[*].

---

[*] Un estudio reciente reporta evidencia experimental de efectos cuánticos funcionales en los microtúbulos del cerebro humano a temperatura ambiente, así como la detección de un estado cuántico macroscópico entrelazado correlacionado con la consciencia y la memoria de trabajo. Disponible en https://academic.oup.com/nc/article/2025/1/niaf011/8127081.

Esta investigación no solo valida la plausibilidad biológica de ciertos fenómenos cuánticos relacionados con la consciencia, sino que también establece una conexión directa entre un estado cuántico y funciones cognitivas superiores como la consciencia.

En términos existenciales, el salto cuántico de la consciencia implica pasar de una percepción basada en el ego a una basada en la interdependencia: pasar de la supervivencia a la vinculación. En términos prácticos, es soltar el juicio y el control, y reconectarse con el amor, la compasión y la unidad. También es una ruptura interior al dejar de identificarse con el hacer, el tener y el competir.

5. Una revolución silenciosa y colectiva

Vivimos en la era del despertar de la consciencia. Es una revolución invisible pero imparable, nacida del hartazgo colectivo, del vacío de sentido, del dolor profundo de una humanidad que ha olvidado quién es.

Los jóvenes encarnan con claridad esta sensibilidad emergente. No aceptan vidas vacías ni sueños prestados. Buscan autenticidad, propósito, comunidad, y rechazan vidas prefabricadas. Esta nueva consciencia es la semilla de un nuevo paradigma civilizatorio.

La consciencia no es solo individual. También es un campo energético común: opera a nivel colectivo. Autores como David R. Hawkins y Rupert Sheldrake han propuesto la existencia de resonancias sutiles entre pensamientos y emociones humanas que influyen en el campo social. Cuando una masa crítica eleva su consciencia, el campo colectivo se expande.

Por eso, cada acto consciente tiene un efecto multiplicador. Lo que transformas en ti transforma el mundo. Y este despertar ya se expresa en sistemas sociales, políticos y empresariales que están revisando prioridades y creando nuevas formas de organización más humanas y más coherentes.

6. Consciencia aplicada
a la economía y a la política

Durante siglos, la consciencia fue interpretada como una dimensión propia del crecimiento espiritual. Hoy necesitamos expandir su aplicación al campo económico y político. Sin ella, ninguna estrategia de abundancia o sostenibilidad podrá sostenerse en el tiempo. A continuación, algunos ejemplos de la aplicación de la consciencia en la política y en la economía:

a) *Gobiernos y modelos sociales conscientes*

- Costa Rica: Abolió el ejército en 1949 y destinó ese presupuesto a salud y educación, logrando algunos de los mejores indicadores sociales de América Latina.
- Kerala (India): Políticas orientadas al bienestar colectivo que han producido una alta alfabetización y una salud pública sólida.
- Barcelona: El modelo de ciudad de quince minutos disminuye desplazamientos, consumo energético y estrés urbano.
- Taiwán: Democracia digital participativa que involucra a la ciudadanía en decisiones públicas.
- Países nórdicos: Combinan competitividad con sistemas de bienestar que garantizan educación, salud y equidad.

b) *Empresas conscientes que ya viven el despertar*

- Humanitix (Australia): Dona el cien por cien de sus beneficios de venta de entradas a causas sociales.
- Walker Group (EE. UU.): Redistribuye ingresos entre empleados, ONG y reinversión.

- Interface (EE. UU.): Pionera en sostenibilidad industrial regenerativa desde los años 90.
- Modelos de Steward Ownership: Sharetribe, Mozilla, Novo Nordisk, Bosch, Zeiss o Freitag, donde la propiedad se orienta al propósito.
- The Entertainer (Reino Unido): Su fundador, Gary Grant, donó 6,7 millones de libras a proyectos comunitarios.

Estos ejemplos muestran que el despertar de la consciencia ya está en marcha: instituciones y empresas reales están corrigiendo sus valores desde el servicio, reorientando el uso del capital y explorando modelos alternativos al capitalismo extractivo.

7. Testimonio personal: consciencia en acción

Durante más de veinte años cultivé un camino de formación holística, y la meditación diaria se convirtió en mi escuela más transformadora. Esa práctica me ofreció claridad en momentos de crisis, me ayudó a desaprender condicionamientos y me mostró que la verdadera fuerza y alegría nacen del servicio. Sin ese trabajo interior nunca habría podido concebir la visión de abundancia que comparto en estas páginas.

Es importante mencionar que mi proceso no fue ni fácil ni corto. Fue un largo y duro desierto. Con decisión y disciplina logré romper barreras y resistencias normales al cambio para llegar a lugares de gran claridad y felicidad. Desde allí, no puedo hacer más que rendirme a compartir lo aprendido.

De hecho, el proceso me llevó a transformar *Cambio 16* para dejar de ser un medio de comunicación político, económico y social, y convertirse en una plataforma viva que inspira y acompaña a personas, empresas y gobiernos en la transición hacia un modelo verdaderamente regenerativo. No fue únicamente un cambio editorial; fue, ante todo, un cambio interior. Comprendí que informar no era suficiente: era necesario contribuir al despertar de la consciencia.

8. Prácticas para cultivar la consciencia

El despertar supera a la teoría: pertenece a la práctica diaria. Estas son algunas formas sencillas y profundas de elevar el nivel de consciencia:

- Meditación diaria: Incluso cinco minutos en silencio pueden entrenar la capacidad de observar sin juicio y estar presentes.
- Higiene mental: Identificar pensamientos recurrentes negativos y orientarlos hacia perspectivas más constructivas.
- Servicio: Ofrecer ayuda con generosidad, sin expectativas, porque servir suaviza el ego y fortalece la conexión con los demás.
- Círculos de diálogo y escucha: Crear espacios donde cada voz pueda expresarse desde el corazón y ser recibida con atención plena.
- Contacto con la naturaleza: Aprender de sus ritmos, su equilibrio y su capacidad de regeneración.
- Presencia en lo cotidiano: Apagar la pantalla para escuchar a tu hijo, compartir una comida sin distracciones o dedicar tiempo de calidad son prácticas de consciencia.

Estas acciones simples abren la puerta a transformaciones profundas.

9. Conclusión: el salto comienza en ti

El cambio de consciencia es la piedra angular de este libro y de *Cambio16*, C16Lab, la Academia del Cambio y la Fundación Cambiemos. Sin esa transformación interior ninguna estrategia será suficiente; con ella, todo lo que imaginamos puede convertirse en realidad.

La elevación de la consciencia es una necesidad de nuestro tiempo. Su único requisito es la voluntad de comenzar, y los primeros frutos aparecen casi de inmediato. Ha llegado el momento de elegir qué fuerza guiará nuestra vida: la inercia e ignorancia del ego o la claridad que brota de la consciencia despierta.

Como enseña Sadhguru, fundador de Conscious Planet: «La única solución real para los problemas del mundo es un cambio masivo de consciencia. Sin un cambio interior cualquier solución externa será temporal».

Recordemos que aquello que se distancia de la consciencia pertenece al ego, y el ego no genera abundancia: debilita, separa y oscurece el propósito. La luz de la consciencia, en cambio, abre el camino hacia una vida plena y hacia un futuro común regenerativo.

Capítulo 14

Liderazgo consciente
El despertar de las organizaciones

El liderazgo consciente es una de las primeras manifestaciones del despertar. El bienestar en las organizaciones solo es posible cuando quienes las conducen han despertado interiormente. Sin liderazgo consciente todo lo demás es cosmética; y sin organizaciones conscientes difícilmente podrán existir sociedades verdaderamente abundantes.

En 2018, durante una reunión inesperada, los trabajadores de Próxima, una pequeña empresa chilena de limpieza y mantenimiento, escucharon incrédulos a su dueño anunciar que repartiría el 10 por ciento de las utilidades entre todos, sin que ninguna ley lo exigiera. En cuestión de segundos, la sorpresa dio paso a los aplausos y a algo aún más poderoso: la certeza íntima de que su esfuerzo tenía sentido, de que su trabajo era visto y reconocido.

El dueño no tenía un MBA, pero poseía algo mucho más escaso: consciencia. Un líder consciente no necesita cargo ni título. Su verdadera fuerza nace de la coherencia entre lo que es, lo que dice y lo que hace. Liderar con consciencia es amor en acción. No solo transforma organizaciones; transforma también comunidades y, con el tiempo, países enteros.

1. El propósito y la coherencia

El liderazgo consciente pone el propósito en el centro del actuar de los líderes, sustituyendo la obsesión por la ganancia por un compromiso inquebrantable con las personas y el planeta. No se trata solo de cuánto ganas, sino de cuánto elevas la vida de todos. Y ahí está la clave. El liderazgo consciente no solo puede, sino que debe generar más riqueza mientras cuida de las personas y del planeta.

Aquí la coherencia entre palabra y acción define la credibilidad. Entre el decir y el hacer hay un mar de distancia (existe un refrán italiano que dice: «Tra il dire e il fare c'è di mezzo il mare»). El liderazgo consciente exige responsabilidad social y medioambiental, pues un liderazgo que ignora a las personas y al planeta es una forma de ceguera estratégica. Un liderazgo que ignora a las personas y al planeta no es liderazgo: es manipulación disfrazada de éxito.

2. Liderazgo auténtico y la trampa del marketing

El liderazgo consciente parte de una transformación interior auténtica que se traduce en coherencia real, en una elección diaria, en una práctica constante que apuesta por el bien común. Este liderazgo comienza dentro y se nota fuera.

Términos como *verde, sostenible, abundancia, orgánico* o *consciente* no significan nada si no se viven en la práctica. Muchas personas y empresas los utilizan como eslóganes vacíos, lo que erosiona la confianza en ellas y ralentiza su proceso de implementación.

Por eso, la clave está también en los consumidores y ciudadanos: cuando apoyamos y premiamos a los líderes conscientes con nuestras decisiones de compra, de voto y de confianza, aceleramos la transformación y convertimos este modelo en el estándar. Más adelante analizaremos cuál es el tipo de comunicación que realmente necesitamos para este tipo de liderazgo dentro de la Economía de la Abundancia.

3. Principios esenciales del líder consciente

Antes de concluir, aquí tienes una breve recomendación para ayudarte a incorporar y mantener presente en tu día a día el liderazgo consciente:

- Escucha con el corazón antes de decidir, y hazlo pensando en el bien de todos.
- Identifica los pensamientos egoístas y destructivos.
- Mide el éxito no solo en resultados, sino en vidas mejoradas.
- Protege y regenera el entorno natural del cual dependes.
- Valora a las personas por lo que son, no solo por lo que producen.
- Sé humilde para rectificar, porque esa es la verdadera marca de la autoridad respetada.

Estas prácticas, lejos de ser ejemplos de *buenismo*, constituyen la savia vital del liderazgo con propósito y sostienen su capacidad real de transformar personas y organizaciones. Ya existen algunos líderes y organizaciones que los encarnan en la práctica. Y los resultados hablan por sí solos.

4. Casos de liderazgo consciente en acción

El liderazgo consciente está lejos de ser una teoría o una aspiración lejana: ya está ocurriendo. En distintos lugares del mundo, organizaciones y líderes visionarios están demostrando que es posible generar riqueza económica y, al mismo tiempo, devolver valor real a la sociedad y al planeta. En algunos casos, no solo comparten beneficios, sino que entregan parte —o la totalidad— de la propiedad y/o beneficios de sus empresas al bien común, redefiniendo de raíz el sentido del éxito.

- Newman's Own (Estados Unidos). Fundada en 1982 por el actor Paul Newman, Newman's Own nació con una premisa radical para su tiempo: donar el cien por cien de los beneficios netos a causas sociales. Desde entonces, la empresa ha canalizado más de seiscientos millones de dólares hacia programas infantiles, nutrición, educación y justicia alimentaria. Newman demostró que una marca puede ser rentable, competitiva y, a la vez, completamente altruista, sin convertir la solidaridad en *marketing*, sino en estructura fundacional.
- Late! (Chile). Late! se convirtió en la primera empresa chilena en donar el cien por cien de sus beneficios a organizaciones sin fines de lucro. Entre 2009 y 2017 destinó más de 729 millones de pesos chilenos a causas como la Cruz Roja, Fundación Nuestros Hijos y diversos proyectos sociales. Su propuesta rompió el paradigma tradicional del emprendimiento, mostrando que el impacto social puede ser el eje central del modelo de negocio y no un añadido posterior.

- Judy Faulkner, de Epic Systems (Estados Unidos). Judy Faulkner, fundadora y CEO de Epic Systems —una de las mayores compañías de *software* sanitario del mundo—, ha anunciado su compromiso de donar el 99 por ciento de su fortuna, valorada en miles de millones de dólares. Epic Systems ha transformado la gestión de datos médicos a nivel global, y su liderazgo se ha caracterizado por una visión a largo plazo centrada en el bienestar de pacientes y profesionales sanitarios, más allá de la maximización de beneficios personales.
- Brian O'Kelley, de AppNexus (Estados Unidos). Tras vender AppNexus a AT&T, Brian O'Kelley tomó una decisión poco habitual en el mundo tecnológico: donar casi la totalidad de su patrimonio —estimado en unos 1600 millones de dólares— a causas sociales, reservando una parte mínima para uso personal. Su gesto redefine la noción de legado empresarial y plantea una pregunta incómoda pero necesaria: qué hacemos con el poder económico una vez alcanzado.
- Gary Grant, de The Entertainer (Reino Unido). Gary Grant, fundador de la mayor cadena de tiendas de juguetes del Reino Unido, decidió destinar la totalidad de los beneficios —unos 6,7 millones de libras— a proyectos comunitarios y organizaciones benéficas. Su decisión estuvo guiada por una convicción profunda: el éxito empresarial pierde sentido si no se traduce en bienestar colectivo. The Entertainer se ha convertido así en un ejemplo de coherencia entre valores personales y acción empresarial.
- Patagonia (Estados Unidos). En 2022, Yvon Chouinard, fundador de la marca de ropa Patagonia, dio un paso histórico al transferir la propiedad de la empresa a un

fideicomiso y a una organización sin ánimo de lucro dedicada a la protección del planeta. De este modo, todas las utilidades —aproximadamente cien millones de dólares anuales— se destinan a la lucha contra el cambio climático. No fue una donación puntual, sino una reestructuración permanente del propósito empresarial que alinea de forma radical ética, ecología y economía.

- Laboratorios Ferrer (España). En 2021, Ferrer anunció que el cien por cien de sus beneficios se reinvertirían en proyectos sociales, medioambientales y de salud global. La compañía adoptó un modelo en el que el impacto social se convirtió en el principal indicador de éxito, desplazando el foco exclusivo en los dividendos. Hoy, Ferrer es una de las pocas farmacéuticas que mide su desempeño por su contribución real al bienestar humano, y ha situado la reinversión en este tipo de proyectos de entre el 40 y el 50 por ciento de sus beneficios.

- Fundación "la Caixa" (España). La Fundación "la Caixa" es uno de los mayores referentes europeos en acción social privada. Cada año destina más de quinientos millones de euros a programas educativos, sociales, culturales y de investigación. Financiada principalmente por los beneficios de CaixaBank, demuestra cómo una entidad financiera puede convertirse en un motor estructural de bienestar colectivo, integrando rentabilidad y responsabilidad social a gran escala.

- Premios You Are My Hope, de *Cambio 16*. La revista *Cambio 16* creó los Premios You Are My Hope, conocidos como los premios de la consciencia, para reconocer a líderes que impulsan un nuevo paradigma económico, social y cultural. A lo largo de los años han participado figuras internacionales como Al Gore, David Attenborough y Gunter Pauli, junto a empresarios como Esther Koplowitz o María José Álvarez, y divulgadores de la consciencia como Mario Alonso Puig y el Dr. Manuel Sans Segarra.

Estos premios visibilizan una nueva forma de liderazgo ético y comprometido y se acompañaron de una transformación editorial de *Cambio 16*, que evolucionó hacia el enfoque del cambio de consciencia, la economía con propósito y el liderazgo responsable, convirtiéndose en un referente en el ámbito hispanohablante.

- Woman for Hope. Desde *Cambio 16* impulsamos, además, el movimiento Woman for Hope, con el propósito de visibilizar y fortalecer el liderazgo femenino en todos los ámbitos de la sociedad. No se trata únicamente de alcanzar la paridad numérica, sino de integrar cualidades tradicionalmente asociadas a lo femenino —como la escucha, la cooperación, la visión sistémica y el cuidado de la vida— en los espacios de decisión.

Solo cuando el liderazgo refleje un equilibrio real entre lo masculino y lo femenino podremos hablar de un cambio profundo y sostenible. El liderazgo consciente necesita esa mirada integradora y transformadora. Sin ella, la Economía de la Abundancia permanecerá incompleta.

Todos estos ejemplos confirman una misma idea: el futuro ya no se medirá por cuánto acumulas, sino por cuánto devuelves.

5. Conclusión

Tú también puedes ser un líder consciente. No importa si tu esfera de influencia es una familia, un equipo de trabajo o una nación entera. Lo que realmente transforma no es el tamaño del escenario, sino la coherencia entre lo que piensas, sientes y haces, junto con la intensidad y la claridad de tu intención. El liderazgo consciente comienza siempre en lo invisible y se vuelve tangible a través de decisiones cotidianas sostenidas en el tiempo.

El liderazgo consciente necesita convertirse en un estándar global. Ha de ser adoptado por las mejores escuelas de negocios, exigido en los currículos profesionales y reconocido activamente por la sociedad. Solo así los líderes conscientes dejarán de ser una excepción admirable para convertirse en una referencia compartida, en una forma natural y esperada de ejercer la responsabilidad y el poder.

Como afirmó el filósofo del *management* Peter Drucker: «La mejor forma de predecir el futuro es crearlo». El liderazgo consciente encarna esta idea al asumir que cada decisión, por pequeña que parezca, modela el mundo que vendrá. Frente a ello, el liderazgo del ego se agota y deja cicatrices visibles en las personas, en las organizaciones y en el tejido social. El liderazgo consciente, en cambio, abre futuro y multiplica vida.

El momento histórico que atravesamos ya no deja espacio para liderazgos centrados en la dominación o la autoafirmación; solo aquellos que cuidan, integran y sostienen resultan legítimos.

El liderazgo consciente es, en esencia, un pacto vivo entre líder, organización y sociedad. Un acuerdo implícito basado en la responsabilidad compartida, la confianza y el cuidado del bien común. Sin ese pacto, el liderazgo pierde su fundamento y su autoridad se vacía de sentido.

El mundo no necesita más jefes. Necesita más sembradores de futuro, personas capaces de pensar a largo plazo, de actuar con consciencia y de sostener procesos que beneficien a muchos más de los que hoy están presentes. Liderar con consciencia es el único liderazgo legítimo que nos queda. Y sí, creo profundamente que tú puedes ser uno de ellos.

Capítulo 15

Educación para la abundancia colectiva

La educación es la fábrica silenciosa del futuro. Un país será lo que enseñe en sus aulas. Si enseñamos miedo, crearemos esclavos. Si enseñamos consciencia, crearemos libertad y abundancia. En las aulas no solo se transmiten conocimientos, sino que se modelan miradas sobre el mundo, formas de relacionarse con el poder, el éxito y el sentido de la vida.

Cuando la educación se apoya en el miedo —al error, al castigo, al fracaso—, forma personas obedientes y adaptadas, pero desconectadas de su criterio y de su responsabilidad profunda. En cambio, educar en consciencia implica primero asumir la responsabilidad plena de nuestro sentir y actuar para cultivar la capacidad de observar, discernir y elegir. Más allá de cualquier doctrina, se trata de enseñar a pensar, a reconocer las emociones y a comprender el impacto de los propios actos en los demás y en el entorno.

La libertad nace de esa comprensión interior. Una educación consciente forma personas capaces de cooperar, crear y liderar sin dominar, generando una abundancia que no es solo económica, sino también humana, social y ecológica. Lo que sembremos hoy en las aulas dará forma a la sociedad dentro de veinte años. El futuro de la humanidad se decide, en gran medida, en la manera en que educamos ahora.

1. Educación para ser ciudadanos conscientes

La educación no es un área más de la sociedad: es la arquitectura invisible que define el destino de un pueblo. Todo lo que somos es educación. Y hoy, lo que enseñamos ya no alcanza. Todos hablan de educación, pero pocos se atreven a cambiarla. El resultado: seguimos preparando a los jóvenes para un mundo que ya no existe.

El sistema actual forma engranajes eficientes dentro de una economía insostenible, pero es incapaz de acompañar la formación de seres humanos plenos. El resultado son sociedades altamente productivas y, al mismo tiempo, profundamente infelices: una humanidad entrenada para sobrevivir dentro de un modelo que se desmorona en lugar de ser educada para crecer interiormente, despertar la consciencia y participar activamente en la construcción de una verdadera Economía de la Abundancia.

La educación para la abundancia colectiva debe enseñar, en primer lugar, a ser ciudadanos conscientes y, a partir de ahí, profesionales capaces. Su propósito no es solo preparar para un empleo, sino para la vida misma, incluyendo la comprensión de la nueva economía y el desarrollo de las herramientas del futuro: bienestar y equilibrio interior, claridad mental y un propósito trascendente.

La economía de la escasez no surgió de la maldad, sino de la ignorancia. El mal brota de la inconsciencia, del mismo modo que el bien nace de la sabiduría. Esta intuición ha acompañado a la humanidad desde hace milenios y quedó expresada con claridad en una de las frases más conocidas del Evangelio, cuando Jesucristo, en la cruz, dijo: «Padre, perdónalos, porque no saben lo que hacen». La ignorancia está en la raíz de la destrucción; la educación consciente, en la base de toda regeneración.

La educación lo atraviesa todo. Es el puente que permite pasar de la oscuridad de la ignorancia a la luz de la sabiduría. Sin una educación que fomente la consciencia, la humildad intelectual y la capacidad de aprender continuamente no puede emerger una economía verdaderamente abundante. Como dice un gran pensador: «El camino más seguro a la esclavitud es creer que sabes». Y no habrá Economía de la Abundancia sin educación para la abundancia.

2. MODELOS QUE TRANSFORMAN SOCIEDADES

El cambio educativo no es una teoría: ya hay países que lo están aplicando:

- Japón. Con el modelo *tokkatsu*, los estudiantes no se limitan a aprender matemáticas o literatura. Desde edades tempranas participan en actividades que fortalecen cuerpo y mente: realizan ejercicios matutinos en grupo, colaboran en la limpieza de las aulas y se organizan en comités estudiantiles. El resultado son bajos niveles de *bullying* y altos niveles de bienestar. Japón enseña disciplina, cooperación y respeto como base de la vida en común.
- Finlandia. Eliminó los exámenes estandarizados y redujo significativamente las tareas, priorizando proyectos colaborativos, creatividad y equidad. Además, disminuyó las horas lectivas, integró la naturaleza y las artes en el currículo y confió en la autonomía del profesorado. El resultado ha sido excelencia académica, alta innovación y una de las sociedades con menor desigualdad del mundo. Finlandia demuestra que menos presión académica puede traducirse en mayor innovación y equidad.

- Nueva Zelanda. Introdujo un currículo nacional centrado en el bienestar que incluye salud mental, *mindfulness* y conexión con la naturaleza. Este modelo incorpora prácticas de resiliencia emocional y valores comunitarios de la cultura maorí, mostrando que el bienestar puede institucionalizarse al mismo nivel que las matemáticas o las ciencias. Nueva Zelanda demuestra que el bienestar puede ocupar un lugar central en la educación pública.
- India. Desde 2020, varias regiones incorporaron la meditación y el yoga como prácticas obligatorias en las escuelas públicas. El objetivo es reducir el estrés, mejorar la concentración y fortalecer valores éticos en millones de jóvenes. India muestra que la espiritualidad puede integrarse como pilar de la educación moderna, sin contradecir el rigor académico. La lección es clara: un país que prioriza el bienestar, la cooperación y el propósito en la escuela cosecha cohesión social, innovación y prosperidad.

3. El currículo del futuro

Cuando hablamos de *currículo del futuro* no nos referimos a una moda pedagógica ni a una actualización técnica de contenidos, sino a una redefinición profunda de qué merece ser aprendido para sostener la vida individual y colectiva en el siglo XXI. Es el marco educativo que prepara a las personas para adaptarse al mundo que viene y para participar conscientemente en su transformación.

El currículo del futuro no puede reducirse a un listado de asignaturas ni a un itinerario técnico orientado únicamente al mercado laboral. Es, en realidad, el ADN de una civilización, que está compuesto por un conjunto de valores, capacidades y comprensiones que una sociedad decide transmitir a las nuevas generaciones. De su diseño depende no solo la empleabilidad de las personas, sino la calidad humana, ética y relacional del mundo que estamos construyendo.

Sin pretender ofrecer fórmulas cerradas, puede pensarse como un *pentágono del ser* orientado a la abundancia, donde cada dimensión sostiene y equilibra a las demás.

El bienestar integral, que abarca lo físico, lo emocional y lo mental, constituye la base de todo aprendizaje significativo. Un cuerpo agotado, una mente saturada o una emocionalidad desatendida limitan profundamente la capacidad de comprender y crear. Educar para el bienestar implica enseñar hábitos de cuidado, escucha del cuerpo, autorregulación emocional y gestión del estrés. No como añadidos secundarios, sino como condiciones esenciales para una vida lúcida, saludable y sostenida en el tiempo.

La higiene del pensamiento es otra dimensión clave. Somos, en gran medida, el resultado de los pensamientos que repetimos y de las narrativas internas que damos por verdaderas. Aprender a pensar con claridad significa desarrollar pensamiento crítico, distinguir hechos de opiniones, reconocer sesgos y observar cómo los propios miedos, creencias y automatismos influyen en las decisiones. Una educación que no enseña a pensar, sino a memorizar deja a las personas expuestas a la manipulación y a la confusión.

El propósito existencial introduce preguntas que suelen quedar fuera del aula, pero que determinan profundamente la dirección de una vida: ¿quién soy?, ¿qué me mueve?, ¿qué sentido tiene lo que hago? Educar para la abundancia supone abrir espacios donde estas preguntas puedan explorarse sin dogmas ni respuestas prefabricadas. Cuando una persona conecta con su propósito, su motivación deja de depender exclusivamente de recompensas externas y se vuelve más estable, creativa y comprometida.

La dimensión de los dones y las emociones reconoce que no todos aprendemos igual ni estamos llamados a lo mismo. Descubrir los propios talentos, comprender las fortalezas y aceptar los límites permite desarrollar una autoestima realista y una relación más sana con el error y la frustración. Al mismo tiempo, aprender a reconocer, expresar y regular las emociones es fundamental para construir vínculos, cooperar y resolver conflictos de forma consciente.

Finalmente, los valores y la trascendencia aportan profundidad y orientación ética al conjunto. Amor, ética, humildad, servicio y la consciencia de una vida finita no son conceptos abstractos, sino referencias prácticas que influyen en cómo usamos el conocimiento, el poder y los recursos. Una educación sin valores puede producir personas altamente capacitadas, pero incapaces de cuidar la vida en todas sus formas.

Estas dimensiones, integradas de manera coherente, constituyen el núcleo de una educación que prepara para la vida y no solo para el trabajo. Una educación orientada a la abundancia debe formar seres humanos completos, capaces de crear, convivir y sostener un futuro más justo y consciente.

4. EL SECUESTRO DE LA ATENCIÓN SOCIAL: EL PETRÓLEO DEL SIGLO XXI

Hoy, millones de jóvenes viven atrapados en una hipnosis digital que debilita a la sociedad entera. Las pantallas ofrecen distracción constante, pero no propósito. Incluso ante la belleza

—el mar, un bosque, una montaña— la atención permanece capturada por los dispositivos, fragmentando la experiencia y empobreciendo la presencia.

La atención es el petróleo del siglo XXI, y los algoritmos son las refinerías que lo explotan. Muchos están diseñados para incentivar lo inmediato, lo superficial y lo vacío, porque así se maximizan los beneficios económicos y se prolonga el tiempo de permanencia. Este modelo no solo captura minutos; también moldea hábitos mentales y emocionales.

Una mente secuestrada no puede crear futuro. Por ello, la educación para la abundancia debe ofrecer espacios de silencio, reflexión y contacto real con las personas y con la naturaleza donde la atención pueda recuperarse y profundizar. Está ampliamente demostrado que la felicidad depende, en gran medida, de la calidad de nuestras relaciones humanas y de la conexión viva con el entorno natural.

5. Visión de futuro

Imaginemos escuelas donde los estudiantes alternan ciencia con meditación, matemáticas con arte y aprendizaje académico con servicio comunitario. Escuelas abiertas a la luz natural, rodeadas de espacios verdes, donde educar no signifique acumular títulos, sino formar seres humanos completos, creativos, empáticos y resilientes, capaces de pensar y sentir con amplitud. Una sola década de jóvenes educados en este paradigma transformaría de raíz la economía global. Serían los impulsores de economías regenerativas, capaces de generar abundancia compartida y sostenible, alineando innovación, cuidado y sentido. Formar seres humanos plenos no es un lujo: es la inversión más poderosa que una civilización puede realizar.

6. CONCLUSIÓN

La soberbia es veneno para el aprendizaje. Quien cree que ya sabe se cierra a la posibilidad de escuchar, de cuestionarse y de transformarse. El verdadero aprendizaje nace de la humildad intelectual, de reconocer los propios límites y de mantenerse en una actitud viva de búsqueda. Por eso la frase atribuida a Sócrates —«Solo sé que no sé nada»— no expresa ignorancia, sino lucidez: la consciencia de que el saber es siempre provisional y de que solo quien acepta no saber puede seguir aprendiendo.

La abundancia de una nación no se hereda: se educa. Se construye lentamente en las aulas, en la forma en que una sociedad enseña a pensar, a convivir, a asumir responsabilidades y a cuidar lo común. Cuando un país fracasa en su sistema educativo, ese fracaso se manifiesta inevitablemente en sus parlamentos, en sus empresas y en sus calles. La educación colectiva es, en este sentido, la gran palanca civilizatoria de la abundancia, el lugar donde se decide si una sociedad reproduce la ignorancia o cultiva la sabiduría que sostiene su futuro.

Capítulo 16

El amor en la economía

El canal conductor de la consciencia

Vivimos en un mundo capaz de mover millones en segundos, pero incapaz de conmover un corazón con un gesto genuino de compasión. Hemos perfeccionado los sistemas de intercambio, de control y de eficiencia, pero hemos descuidado aquello que da cohesión y profundidad a la vida humana. Sin amor ningún sistema puede sostenerse en el tiempo. El dinero organiza, coordina y estructura, pero es el amor el que otorga sentido, dirección y legitimidad. Hoy, nuestra mayor crisis no es de capital ni de recursos: es una crisis de amor.

1. El amor, el canal conductor de la consciencia

El amor es el canal conductor de la consciencia y la fuerza que permite trascender el ego. El *yo* individual nos limita, nos hace sentir soberanos, pero estrecha nuestra percepción e impide la expansión del ser. El amor, en cambio, posibilita el paso del *yo* al *nosotros*, y en ese tránsito la consciencia despierta y se amplía.

Amor y consciencia se retroalimentan de forma constante: amor × consciencia = abundancia. Son estados del ser que se impulsan mutuamente y se profundizan entre sí. Cuando el amor está presente, la consciencia se vuelve encarnada y viva; cuando la consciencia acompaña, el amor gana claridad y dirección.

Sin amor, la consciencia corre el riesgo de volverse elitista, distante o excesivamente intelectualizada. Sin consciencia, el amor puede perder lucidez y derivar en ceguera, ingenuidad o posesividad. Es su integración la que da lugar a una abundancia real y sostenible.

El ego separa y limita; el amor une y expande. Mientras el ego busca protegerse a través del aislamiento, el amor se entrega para vincularse. El amor, por su propia naturaleza, no es egoísta. Allí donde aparece el egoísmo, el amor se ha desdibujado y pierde su cualidad esencial.

Cuando amamos, nuestra percepción se ensancha. Y cuando vemos con mayor amplitud, amamos con mayor profundidad. Acceder a ese estado marca el inicio de un camino consciente de crecimiento interior. El amor sana, expande y regenera. Es también el vehículo a través del cual el ser humano se abre a lo divino, a Dios o a la dimensión trascendente de la existencia. Sin amor, la consciencia corre el riesgo de volverse elitista, distante o excesivamente intelectualizada.

Liberarnos de la vibración egocéntrica es un acto profundamente transformador. Al comprender la pequeñez de nuestra existencia frente a la vastedad del universo, dejamos de actuar desde el centro estrecho del ego y comenzamos a vivir desde el ser. En ese desplazamiento interior, el amor deja de ser un ideal y se convierte en una forma de habitar el mundo.

Amor x Consciencia = Abundancia

La única economía sostenible es la del amor

2. EL AMOR COMO CONOCIMIENTO SUPERIOR

Desde distintas tradiciones filosóficas, espirituales y científicas, el amor aparece como una forma de conocimiento superior, una vía de acceso a niveles más amplios de comprensión de la realidad.

- Filosofía: Platón describió el amor como un impulso que asciende desde lo sensible hacia lo espiritual, culminando en la contemplación del bien. Spinoza habló del amor a Dios o a la naturaleza como el estado más elevado de la consciencia humana. Hegel entendió el amor como el movimiento por el cual el yo se reconoce en el otro y, en ese reconocimiento, se trasciende a sí mismo.
- Religión: En el judaísmo, el amor aparece como una fuerza moral que cohesiona a la comunidad. El budismo lo expresa a través del *metta* ('bondad amorosa') y *karuna* ('compasión'), como actitudes fundamentales del despertar. El cristianismo lo sitúa en el centro de su mensaje con la afirmación «Dios es amor». El hinduismo lo desarrolla en el *bhakti*, el amor devocional como camino hacia la consciencia superior. En el islam, el amor se expresa como compasión, justicia, respeto y cuidado hacia los demás, integrando ética y espiritualidad.
- Ciencia: La neurociencia ha mostrado que el amor activa circuitos cerebrales vinculados al apego, la recompensa y la regulación emocional. La psicología transpersonal lo reconoce como generador de estados ampliados de consciencia. En el ámbito de la física cuántica, autores como Amit Goswami han sugerido una conexión

fundamental entre consciencia y amor como principios organizadores de la realidad.

Todas estas miradas convergen en una misma comprensión: el amor no se reduce a una emoción, sino que constituye una forma de sabiduría y un acceso privilegiado a niveles más profundos de la experiencia humana.

3. El amor como base de la Economía de la abundancia

La próxima gran revolución económica será emocional, guiada por el amor como principio organizador. Una economía abundante requiere relaciones abundantes, y las relaciones abundantes se sostienen en el amor. Resulta llamativo que esta evidencia apenas haya sido incorporada como eje central de los sistemas económicos y políticos.

En una economía regenerativa, el amor cumple una función estructural. A mayor amor, mayor consciencia; y una consciencia más amplia hace posible una abundancia sostenible. Cuando el amor define el valor, el mercado se configura como un espacio de colaboración viva donde el intercambio favorece el crecimiento mutuo.

El engranaje de la economía actual opera, en gran medida, desde la pregunta «¿Qué tanto puedo tomar?», dejando en segundo plano la lógica del aporte. Este enfoque limita el acceso a estados más amplios de realización individual y colectiva, empobreciendo el sentido del desarrollo.

La investigación comienza a confirmar esta visión. Un estudio de *Harvard Business Review* (2019) mostró que las empresas con culturas basadas en el cuidado y la empatía presentaban un

50 por ciento menos de rotación de personal y un 23 por ciento más de rentabilidad. De forma complementaria, *Stanford Social Innovation Review* ha documentado que las organizaciones orientadas a la colaboración y al propósito social alcanzan mayores niveles de resiliencia y sostenibilidad a largo plazo.

Algunos ejemplos concretos lo ilustran con claridad:

- Southwest Airlines habló explícitamente de *management with love*, cultivando una de las culturas laborales más leales de Estados Unidos.
- Patagonia integra el amor a la naturaleza como principio rector, destinando sus utilidades a la regeneración ambiental.
- Mercadona (España) desarrolló el llamado *modelo del jefe*, centrado en cuidar al cliente como parte de la comunidad, logrando un crecimiento sostenido basado en relaciones de confianza.
- Ben & Jerry's (EE. UU.) combina actividad empresarial con compromiso social y ambiental, defendiendo causas como el cambio climático y la justicia racial, e integrando rentabilidad y responsabilidad.
- Humanitix (Australia), la primera plataforma de venta de entradas que dona el cien por cien de sus beneficios a la educación infantil, muestra cómo un modelo de amor aplicado de forma práctica puede transformar un sector entero.

4. Conclusión

Una economía sin amor es como un cuerpo sin alma: funciona, pero no avanza en la dirección correcta.

El amor no es idealismo romántico; es fuerza, fundamento y canal del despertar de la consciencia. Donde hay amor verdadero, hay consciencia elevada; donde hay consciencia elevada, hay abundancia real.

El amor no es un lujo privado ni un sentimiento romántico: es el mayor activo económico de la humanidad. Donde falta, la economía se derrumba; donde crece, la abundancia se multiplica. La verdadera economía del futuro no será la del capital, será la del amor.

CAPÍTULO 17
MERITOCRACIA Y COOPERACIÓN
Del conflicto a la integración

Una economía que solo premia al más rápido y al más fuerte olvida a quien construye el puente por el que todos cruzan, a quienes sostienen los procesos invisibles que hacen posible el progreso colectivo. Del mismo modo, una sociedad que coopera sin reconocer el mérito acaba perdiendo dirección y responsabilidad, como un barco sin timón. La Economía de la Abundancia no elimina la meritocracia, la redefine desde una comprensión más amplia.

Se apoya en un mérito guiado por la consciencia que reconoce el resultado, la intención, el impacto y la contribución al conjunto. En este modelo, las decisiones y las acciones dejan de responder únicamente al beneficio individual y se orientan al bien común.

1. MÉRITO CON CONSCIENCIA

Meritocracia significa el gobierno de los más aptos. El verdadero reto consiste en saber identificarlos y promoverlos. Ser apto no es solo una cuestión de capacitación técnica o talento, sino también del nivel de consciencia desde el que se actúa. El mérito auténtico integra habilidad y consciencia.

Talento + consciencia = bien común. El talento sin consciencia deriva en poder sin brújula; la consciencia sin talento queda en buena intención sin impacto real. Un estudio de *Harvard Business Review* (2020) mostró que los equipos más productivos no están liderados por el *genio solitario*, sino por líderes que combinan competencia técnica con empatía y ética. Sin esa integración el rendimiento pierde consistencia con el paso del tiempo.

2. Mérito interior: formación del alma

La formación no puede limitarse al plano académico; ha de incluir una dimensión interior. En mi propio recorrido, he dedicado más de veinte años al trabajo interior: el estudio de textos sagrados, la práctica del yoga, la meditación y el encuentro consciente con mis propias sombras. Este proceso no sustituye al aprendizaje técnico, sino que lo sostiene y lo orienta.

Una investigación publicada en *Stanford Social Innovation Review* (2021) sobre emprendimiento social mostró que los fundadores con formación en inteligencia emocional y autoconocimiento desarrollaban empresas más resilientes y con menor rotación de personal. El crecimiento personal y espiritual es un activo empresarial de primer orden.

3. Igualdad de partida

Sin igualdad de oportunidades, la meritocracia se convierte en privilegio disfrazado. Una meritocracia carente de inclusión termina reproduciendo estructuras de aristocracia encubierta. La igualdad de oportunidades constituye la otra cara indispensable del mérito.

El éxito no debería depender de la riqueza de origen, la clase social o las conexiones, sino del talento y del esfuerzo sostenido. Para hacerlo posible, resulta imprescindible el acceso universal a una educación de calidad (ODS 4). Una meritocracia sin educación inclusiva amplía la brecha social en lugar de cerrarla.

4. RESPONSABILIDAD PERSONAL

El camino del mérito comienza cuando asumimos la responsabilidad de nuestra propia vida. Las circunstancias presentes son consecuencia de decisiones y acciones pasadas. Un futuro distinto exige decisiones distintas hoy. El trabajo empieza por reconocer debilidades y carencias para poder transformarlas en aprendizaje y acción consciente. Hacernos plenamente responsables de nuestras decisiones y acciones es el primer paso para la liberación y la transformación real.

La responsabilidad a la que hago referencia no es a nivel superficial: es a nivel profundo. La mayoría de las personas piensan que son responsables porque cumplen con las normas o deberes, pero frente a cualquier problema o circunstancia, su proceso de análisis y reacción es desde la culpabilidad. Buscar culpables, incluyendo a uno mismo, es una forma de evadir la responsabilidad. Asumir la responsabilidad profunda se refiere a nuestra forma de actuar frente al hecho, circunstancia o problema. La respuesta es producto de las emociones o del entendimiento. Las personas dormidas reaccionan mientras que las personas despiertas eligen.

El mérito empodera; la culpabilidad y el victimismo paralizan. El futuro no está escrito, pero requiere trabajo interior. La soberbia clausura posibilidades; la humildad las abre. El talento sin consciencia acaba siendo erosionado por alguno de los llamados *siete pecados capitales*: soberbia, avaricia, lujuria, ira, gula, envidia o pereza. Por eso, el crecimiento personal y espiritual también forma parte del mérito, aunque no siempre sea medible en cifras.

5. Justicia y ODS

Las desigualdades existen y son estructurales. Por ese motivo se formularon los 17 Objetivos de Desarrollo Sostenible (ODS). Erradicar la pobreza, garantizar educación y salud, proteger el medio ambiente y promover instituciones justas no son metas accesorias, sino condiciones necesarias para que el mérito pueda expresarse con justicia.

Resulta imprescindible reconocer y premiar a quienes generan soluciones alineadas con los ODS del mismo modo que se premia la generación de beneficios financieros. Sin justicia estructural, el mérito pierde legitimidad.

6. Cooperación como multiplicador del mérito

La cooperación no compite con la meritocracia; la potencia. Un talento aislado puede brillar de forma puntual, mientras que el talento en cooperación puede generar avances duraderos al servicio de todos. El ingeniero que diseña un puente necesita del obrero que lo construye, y la ciencia más avanzada solo se convierte en medicina cuando coopera con sistemas de salud eficaces.

La experiencia reciente lo confirma. Los avances biotecnológicos durante la pandemia surgieron de redes de cooperación internacional en las que miles de talentos pusieron su mérito al servicio común. En un mundo interdependiente y atravesado por desafíos complejos, el mérito individual resulta insuficiente. Ninguna nación, empresa o liderazgo puede resolverlos en soledad.

Wikipedia, la mayor enciclopedia del planeta, no fue creada por un académico aislado, sino por millones de voluntarios que cooperan compartiendo conocimiento. La Estación Espacial Internacional constituye otro ejemplo elocuente: científicos de países históricamente enfrentados unieron méritos para crear un laboratorio común en el espacio. Incluso empresas que antes competían de forma feroz han adoptado modelos de innovación abierta, demostrando que compartir talento permite alcanzar soluciones inalcanzables en solitario.

El mérito abre el camino; la cooperación lo convierte en una vía transitable para todos.

7. Conclusión

La historia muestra que ni el mérito desprovisto de profundidad ni la cooperación sin dirección han logrado sostener sociedades prósperas. El salto cualitativo ocurre cuando ambos se integran. Sin mérito consciente y sin cooperación solidaria la Economía de la Abundancia se debilita antes de consolidarse.

La meritocracia sin cooperación se vuelve fría y excluyente. La cooperación sin mérito pierde eficacia. El mérito con alma reconoce a quien sabe, hace y eleva; la cooperación consciente garantiza que ese mérito sirva al bien común. El mérito sin amor se vuelve estéril; la cooperación sin consciencia se vuelve frágil. «Ninguno de nosotros es tan bueno como todos nosotros juntos», solía decir Ray Kroc, empresario estadounidense y artífice de la expansión global de McDonald's.

La Economía de la Abundancia no necesita héroes solitarios ni masas sin orientación. Necesita comunidades despiertas donde el mérito se multiplique a través de la cooperación. De lo contrario, persistiremos en un sistema que desperdicia lo mejor del mérito y lo mejor de la cooperación. La ventana de oportunidad es ahora.

Elige crecer. Elige liderar. Elige cooperar. Tú eres mi esperanza.

Capítulo 18

Cómo construir una Economía de la Abundancia

Pasos claves

Ya hemos visto la importancia de la consciencia, la cooperación y el amor. Ahora toca responder la pregunta clave: ¿cómo lo hacemos? Este capítulo funciona como una hoja de ruta.

No existe un manual infalible para construir un mundo mejor, pero sí existen brújulas que permiten orientarnos. La Economía de la Abundancia es una de ellas. No se trata de un sueño utópico, sino de un modelo tangible capaz de responder a los retos sociales y medioambientales más urgentes de nuestra era.

Si la consciencia es el motor y el amor es el canal, lo que viene ahora es el mapa. No basta con despertar: hay que caminar. Y el momento de hacerlo es ahora. La diferencia con otros enfoques es que aquí, más allá de la teoría, hablamos de supervivencia. Estamos como en un avión con el combustible justo: o corregimos el rumbo a tiempo, o no llegaremos a destino.

Para construir este nuevo sistema podemos apoyarnos en el método que aplican las mejores consultorías en grandes organizaciones: análisis → diagnóstico → solución → implementación. Lo extraordinario es que esta vez el cliente es la humanidad entera, porque no hay plan B.

1. Análisis: REDESCUBRIR LA CASA QUE HABITAMOS

Vivimos en el único planeta conocido capaz de albergar vida. La Tierra, con más de 4500 millones de años de historia, no solo es bella: es funcionalmente perfecta para nuestro sustento. Posee un clima moderado, agua abundante, una atmósfera protectora y un equilibrio químico que hace posible cada respiro.

Sin embargo, ese equilibrio es tan frágil como un cristal fino, y lo tratamos como si fuera irrompible. Es como vivir en una casa de cristal y jugar dentro con martillos.

En cuanto a los seres humanos, somos una especie joven. El primer *Homo* apareció hace aproximadamente tres millones de años, y el *Homo sapiens* hace apenas 300 000. Esto debería recordarnos que no vamos a *acabar* con la Tierra; antes bien, será ella la que se reajuste si no aprendemos a vivir en armonía.

Nuestra tecnología ha escalado hasta lo inimaginable, pero nuestro modelo económico sigue anclado en una lógica extractiva y desigual. Hemos logrado avances médicos, industriales y científicos colosales, pero también hemos generado pobreza crónica, contaminación masiva y un deterioro ambiental que amenaza nuestra propia supervivencia.

La Economía de la Abundancia propone un cambio de dirección: que lo rentable sea, por definición, aquello que beneficia al bien común y al planeta.

2. Diagnóstico: LAS GRIETAS DEL SISTEMA ACTUAL

El mundo actual se sostiene sobre un equilibrio falso. Las principales amenazas están interconectadas y alimentan un círculo vicioso que debemos romper. La conclusión es meridiana: el crecimiento económico mal direccionado es insostenible para los seres humanos y para el planeta. La evidencia es abrumadora:

a) Desigualdad extrema. El abismo entre ricos y pobres crece hasta niveles insostenibles. Un puñado de personas acumula fortunas comparables al PIB de países enteros, mientras millones carecen de lo básico*. La pandemia demostró que en un barco que se hunde el tamaño del camarote no importa. Sin una reducción de las desigualdades el sistema entero es vulnerable. Bajo este escenario, los ricos deberían ser los primeros interesados en construir la Economía de la Abundancia, porque son los que más tienen que perder.

b) Disrupción tecnológica mal gestionada. La inteligencia artificial y la automatización pueden liberar a la humanidad de trabajos alienantes, pero sin políticas de transición inclusivas amplificarán la desigualdad. El FMI estima que el 40 por ciento de los empleos globales están expuestos a la IA, llegando al 60 por ciento en economías avanzadas.

En España, el *Future of Jobs Report 2025*, del Foro Económico Mundial, indica que el 37 por ciento de los trabajadores españoles necesitará mejorar sus habilidades para mantener su empleo en 2030, y el 21 por ciento será reubicado en nuevas funciones debido a la automatización y la IA.

---

* Aunque no hay datos fiables, se estima que hay aproximadamente ochocientos billonarios en China y algo similar en los Estados Unidos. Y la fortuna del hombre más rico del mundo, Elon Musk, ya asciende a la cifra de 433 000 millones de dólares. Puede convertirse en el primer trillonario de la historia.

c) Crisis climática y pérdida de biodiversidad. No es un debate teórico: es una realidad medible. Las emisiones, la deforestación y los océanos acidificados son facturas que ya estamos pagando*. La red de vida que sostiene el planeta se está deshilachando.

e) Guerras y gasto militar. El gasto militar mundial anual es gigantesco**. Imagina destinar solo la mitad a educación, energías limpias y salud.

He visto desde dentro empresas y gobiernos, y siempre la misma conclusión: cuando el éxito se mide solo en dinero y poder (egocentrismo), el sistema se rompe.

3. SOLUCIÓN: REDEFINIR QUÉ Y A QUIÉN PREMIAMOS

La Economía de la Abundancia es un contrato social renovado: solo se premia a quien genera valor positivo para las personas y la naturaleza. Esto implica medir el éxito más allá del PIB, integrando indicadores de bienestar, cohesión social y salud ambiental.

---

* Los estudios científicos del IPCC (Panel Intergubernamental sobre Cambio Climático) son claros y contundentes. El calentamiento global es causado en un 95 por ciento o más por actividades humanas, tales como la quema de combustibles fósiles, que libera gases de efecto invernadero (CO_2, metano, óxidos de nitrógeno); la deforestación, que reduce la capacidad de la Tierra para absorber CO_2, y la agricultura intensiva y la ganadería, que también emiten grandes cantidades de gases contaminantes (metano).

** El gasto militar de los Estados Unidos asciende a 900 000 millones de dólares al año, el de China asciende a 296 000 millones de dólares, el de Rusia asciende a 109 000 millones de dólares, y el de la Unión Europea colectivamente es de aproximadamente 326 000 millones de euros.

El problema no es que seamos demasiados, sino la calidad de nuestras decisiones colectivas. Igual que en un cuerpo humano cuarenta billones de bacterias conviven para mantenernos vivos, ocho mil millones de humanos podrían prosperar si trabajaran para el equilibrio del sistema que los sustenta. No caigamos en el desánimo de los que tildan de ingenua cualquier propuesta de transformación.

Entre aquello que premiamos deben figurar las actividades y los productos que implementen los 17 Objetivos de Desarrollo Sostenible, diseñados por las Naciones Unidas en 2015, cuya finalidad es abordar los desafíos más urgentes a escala global. Estos objetivos constituyen una hoja de ruta para avanzar hacia un futuro más humano, justo y regenerativo.

4. MANUAL DE TRANSICIÓN HACIA LA ECONOMÍA DE LA ABUNDANCIA

Necesitamos un mapa claro de acción y de sentido: una guía práctica que traduzca los principios de la Economía de la Abundancia en decisiones concretas, tanto individuales como colectivas. No hablamos de ideales abstractos, sino de orientaciones aplicables al día a día de personas, empresas, instituciones y comunidades. Estas son algunas de las acciones clave para transformar el sistema económico hacia un modelo de abundancia, organizadas por ejes estratégicos que permiten actuar desde distintos niveles. Si aplicas al menos una acción en cada eje, ya estarás contribuyendo de forma real y tangible a la transición global.

1. Políticas públicas y legislación: *Crea el marco para el cambio*
   - Aprobar leyes que premien prácticas sostenibles (energías limpias, economía circular, reducción de emisiones).
   - Penalizar actividades económicas que dañen el bienestar humano o ambiental.
   - Integrar indicadores de bienestar y cohesión social en la evaluación de políticas públicas.
   - Establecer objetivos vinculantes para la reducción de la huella de carbono a nivel nacional.

2. Educación y cultura: *Cambiar la mentalidad para cambiar el sistema*
   - Educación holística. Incluir bienestar, autoconocimiento, sostenibilidad y educación financiera en los programas escolares y universitarios.
   - Capacitación masiva para el reciclaje profesional en sectores afectados por automatización o IA.
   - Campañas públicas para visibilizar la conexión entre consumo y consecuencias ambientales.
   - Reconocer y difundir casos de éxito como modelos a seguir.

3. Finanzas: *Redirige el flujo del dinero*
   - Incentivos fiscales y económicos para empresas que aporten valor positivo a las personas y a la naturaleza. Fondos de inversión sostenibles que prioricen impacto social y ambiental.
   - Etiquetado de impacto real que permita al consumidor identificar el valor social y ecológico de lo que compra.
   - Reformar los modelos de valoración empresarial para incluir una partida económica que mida su aporte al bien común.

4. Innovación y tecnología: *Desarrolla soluciones regenerativas*
   • Eliminar la obsolescencia programada y legislar para que los productos sean reparables y duraderos.
   • Financiar I+D en tecnologías sostenibles como las energías renovables, captura de carbono, agricultura regenerativa y biotecnología limpia.
   • Transferencia tecnológica desde países desarrollados a economías emergentes para cerrar brechas.
   • Aplicar inteligencia artificial para optimizar el uso de recursos y reducir desperdicios.

5. Producción y consumo: *Transforma la forma en que hacemos y usamos*
   • Adoptar el modelo de economía circular (reducir, reutilizar, reciclar) en todas las industrias.
   • Impulsar la movilidad sostenible o consciente: transporte eléctrico, público, compartido y no motorizado.
   • Fomentar el consumo consciente y responsable a través de educación, campañas y etiquetado claro.
   • Reducir envases de un solo uso y priorizar materiales biodegradables.

6. Cooperación global: *Aliarse en lugar de competir*
   • Fortalecer acuerdos internacionales para alcanzar los ODS.
   • Crear consorcios globales para investigación y desarrollo de soluciones sostenibles.
   • Transferir recursos y conocimientos hacia regiones más vulnerables al cambio climático.
   • Pactos de desarme progresivo para redirigir gasto militar hacia salud, educación y energías limpias.

La Economía de la Abundancia no se construye en un día ni desde un único frente. Es un cambio simultáneo y coordinado. Empieza por lo que está a tu alcance y escala tu impacto: primero en tu hogar, luego en tu comunidad y, finalmente, en el mundo.

Los pasos son claros: legislar distinto, educar distinto, invertir distinto, producir distinto y cooperar distinto.

5. Conclusión

Construir una Economía de la abundancia no es un acto de altruismo; es una estrategia de supervivencia y evolución natural.

La pregunta no es si podemos hacerlo, sino si estamos dispuestos a dejar de premiar lo que nos destruye para empezar a valorar lo que nos salva. No actuar ya no es una opción neutral: es una elección hacia el colapso. Actuar conscientemente es elegir la vida. Esa es la disyuntiva histórica de nuestra generación.

Estamos en una lucha contra el tiempo hasta que decidamos cambiar de rumbo.

Capítulo 19
Los 17 ODS
El mapa de la abundancia

La clave para lograr los Objetivos de Desarrollo Sostenible (ODS) está en asignar un valor económico real a su cumplimiento. Los ODS, definidos por las Naciones Unidas en 2015, son un marco global de diecisiete objetivos destinados a afrontar los principales desafíos sociales, ambientales y humanos de nuestro tiempo.

Mientras su aplicación no forme parte de los sistemas de inversión, incentivos y medición del éxito económico, seguirán siendo una referencia ética secundaria. Integrarlos en el núcleo del modelo económico implica que lo que genera bienestar social y protege el planeta sea rentable y que lo que los daña deje de serlo. Solo así los ODS pueden convertirse en un verdadero motor de transformación global.

1. Importancia de los ODS para la Economía de la Abundancia

Los 17 Objetivos de Desarrollo Sostenible (ODS) son, quizá hoy por hoy, el esfuerzo colectivo más ambicioso emprendido por la humanidad. Por primera vez, gobiernos, empresas y sociedad civil coincidieron en un mapa común hacia un futuro más humano, justo y regenerativo.

No son simples metas técnicas: constituyen la agenda mínima de supervivencia de nuestra especie. Oponerse a ellos sería tan absurdo como negar la importancia de la luz del sol. ¿Quién podría estar en contra de erradicar la pobreza, proteger los océanos o garantizar el acceso universal a la salud, el bienestar y una educación de calidad?

El problema no es su contenido, sino su baja visibilidad cultural. Los ODS necesitan convertirse en cultura viva, en conversación cotidiana y en aspiración compartida. Son una historia de esperanza que debería enseñarse en todas las escuelas, contarse en todos los idiomas y convertirse en una tendencia cultural global.

La Economía de la Abundancia no compite con los ODS; se ancla en ellos, les da un lenguaje vital y propone una clave decisiva: asignar valor económico real a su cumplimiento. El día en que un bosque valga más vivo que talado, o en que la igualdad genere más riqueza que la exclusión, habremos entrado verdaderamente en la era de la abundancia.

Estos objetivos no son utopías; son metas medibles, alcanzables y, sobre todo, urgentes que deben ser divulgadas por todos los medios posibles. A continuación, se presenta un resumen de cada uno de ellos, agrupados conforme al siguiente gráfico.

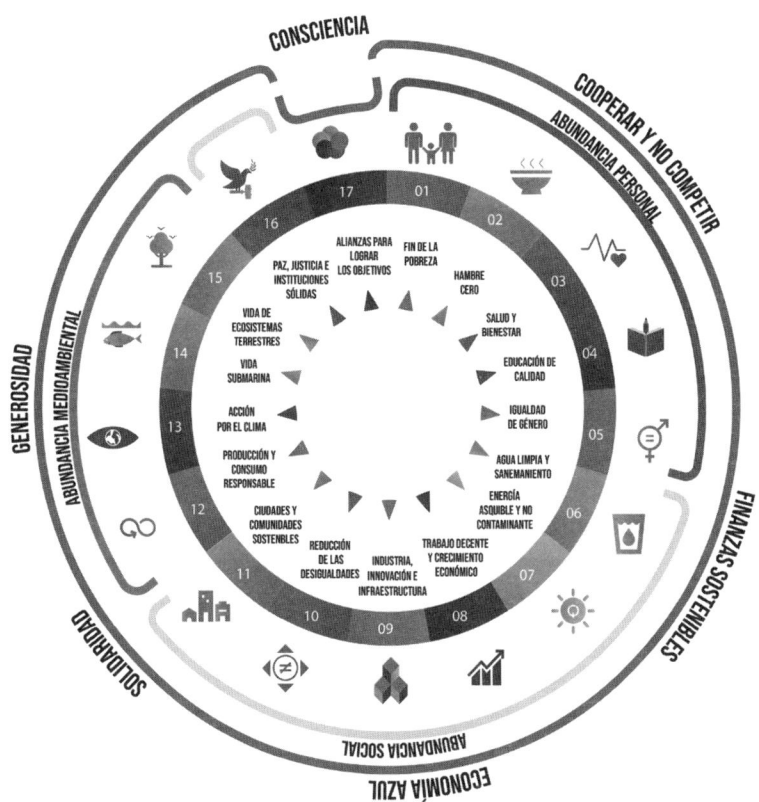

2. Abundancia personal (ODS del 1 al 5)

Estos cinco objetivos son la base de cualquier vida digna; sin ellos no puede haber abundancia.

- ODS 1: Fin de la pobreza. No es solo justicia; es estabilidad social. La pobreza es una bomba de tiempo que destruye comunidades, mercados y países. El compromiso consiste en erradicar la pobreza extrema (menos de 2,15

USD al día) antes de 2030. La pandemia dejó a 670 millones de personas en esta situación.

- ODS 2: Hambre cero. Cada plato desperdiciado es una oportunidad robada a otro ser humano*. Una agricultura regenerativa y local puede nutrir al mundo sin destruirlo. 735 millones de personas sufren hambre crónica.
- ODS 3: Salud y bienestar. El bienestar físico y mental es la primera riqueza. Sin bienestar o salud no hay productividad ni creatividad, como vimos en los anteriores capítulos.
- ODS 4: Educación de calidad. No cualquier educación, sino una que forme seres íntegros, capaces de convivir y regenerar. La Economía de la Abundancia necesita educación holística, como vimos anteriormente. La educación es la llave para romper ciclos de pobreza y desigualdad.
- ODS 5: Igualdad de género. Sociedades que empoderan a las mujeres prosperan más rápido. La desigualdad no solo es injusta; es ineficiente.

La abundancia personal no es lujo: es cimiento. Cuando una persona florece, florece su familia, su comunidad y el sistema entero. Las personas son la verdadera riqueza de las naciones.

3. Abundancia social (ODS del 6 al 11 y 16)

Estos objetivos son el pegamento de la vida colectiva. Garantizan cohesión, justicia y resiliencia.

---

* Según la FAO, aproximadamente un tercio de todos los alimentos producidos en el mundo se desperdician, el equivalente a 1300 millones de toneladas de alimentos al año.

- ODS 6: Agua limpia y saneamiento. Sin agua no hay economía que valga. Lo demás es ilusión. El agua será el oro del siglo XXI. Millones de personas no tendrán acceso al agua en 2030 a menos que se cuadrupliquen los avances.
- ODS 7: Energía asequible y limpia. Sin transición energética no habrá civilización sostenible. Alrededor de 660 millones de personas continuarán sin acceso a la energía eléctrica y casi 2000 millones de personas seguirán dependiendo de combustibles y tecnologías contaminantes para cocinar en 2030.
- ODS 8: Trabajo decente y crecimiento económico. El empleo digno da identidad y cohesión; sin él todo sistema colapsa.
- ODS 9: Innovación e infraestructura sostenible. No basta con crecer: hay que rediseñar industrias para regenerar.
- ODS 10: Reducción de desigualdades. Un sistema que concentra riqueza es inestable. Reducir brechas es supervivencia, más allá de la caridad.
- ODS 11: Ciudades y comunidades sostenibles. El 70 por ciento de la población vivirá en ciudades; si estas colapsan, colapsa todo. Actualmente más de 1100 millones de personas viven en barrios marginales, y se espera que en los próximos treinta años haya 2000 millones más.
- ODS 16: Paz, justicia e instituciones sólidas. Sin justicia ni confianza en las reglas del juego ningún otro objetivo se sostiene.

La abundancia social nace de sistemas justos. Sociedades con agua, energía limpia, empleo digno y paz son sociedades donde hay cooperación real.

4. Abundancia medioambiental (ODS del 12 al 15)

Estos son los ODS que sostienen el equilibrio de la casa común.

- ODS 12: Producción y consumo responsables. No podemos vivir como si tuviéramos tres planetas. Tenemos que acabar con la producción y consumo de productos chatarra. Cada compra es un voto por el mundo que queremos.
- ODS 13: Acción por el clima. La mayor amenaza y la mayor oportunidad de innovación de nuestra era.
- ODS 14: Vida submarina. Los océanos son el corazón azul del planeta: sin ellos no hay vida posible. Son el 97 por ciento del agua de la Tierra y absorben alrededor del 23 por ciento del CO_2 generado por la actividad humana.
- ODS 15: Vida de ecosistemas terrestres. Los bosques son pulmones y graneros. Cuidarlos es cuidar nuestro futuro. Los ecosistemas terrestres contribuyen a más de la mitad del PIB mundial.

La abundancia ambiental no es un tema verde; es el seguro de vida de nuestra civilización.

5. Consciencia (ODS 17)

El último objetivo es, en realidad, la llave de todos los demás. La consciencia aplicada a los demás ODS.

- ODS 17: Alianzas. Nada de esto puede lograrse en solitario. Gobiernos, empresas, las ONG, ciudadanos, etc. Todos debemos alinearnos. Es el ODS de la consciencia colectiva: pasar del egoísmo a la cooperación.

El ODS 17 no es un objetivo más, sino la puerta cuántica para que la cooperación consciente multiplique todos los demás.

6. UNA GRAN OPORTUNIDAD PARA LOS EMPRENDEDORES

Para los jóvenes con espíritu emprendedor, y para las empresas que deseen reconvertirse y liderar sus respectivas industrias, los ODS representan una oportunidad estratégica sin precedentes. No son una carga regulatoria ni un gesto filantrópico: constituyen el mayor mercado emergente de este siglo, aún en gran parte por desarrollar.

Más temprano que tarde, ya sea por un cambio de consciencia colectiva o por pura necesidad sistémica, el mundo comenzará a asignar ingentes cantidades de capital, inversión pública e incentivos fiscales a las iniciativas orientadas al cumplimiento de los ODS. Quien desarrolle la tecnología capaz de limpiar los océanos, regenerar bosques o garantizar acceso universal a recursos esenciales no solo construirá un negocio próspero, sino que será recordado como uno de los grandes protagonistas del siglo XXI.

7. CONCLUSIÓN: EL VALOR ECONÓMICO DE LA VIDA

Los ODS no fracasarán por falta de ideas, sino por falta de valor: el valor económico de la vida. Mientras aquello que sostiene la existencia no tenga un reconocimiento real en los mercados, seguirá siendo sistemáticamente sacrificado.

Recientemente escribí un artículo sobre la necesidad de crear un mercado mundial del oxígeno como vía para proteger bosques, selvas, ríos y mares. Pedir a los países que conserven estos recursos sin ningún beneficio económico es ingenuo e injusto. Sin embargo, si asignamos un valor al oxígeno y los países más contaminantes pagan a quienes lo producen, se crean incentivos claros para preservar y multiplicar la vida. Podríamos desarrollar auténticas *granjas de oxígeno* —bosques, selvas, ríos y mares— tanto públicas como privadas, orientadas a la regeneración del planeta.

Hoy el mercado paga más por un lingote de oro que por un bosque vivo. Cuando un océano protegido sea más rentable que una mina de petróleo, habremos cambiado la ecuación. Invertir en los ODS no es altruismo: es mucho más barato que asumir el coste de su incumplimiento —guerras, pandemias, migraciones forzadas y catástrofes ambientales—.

Los ODS son el mapa, la Economía de la Abundancia es el vehículo y la consciencia es el combustible. La abundancia comienza cuando dejamos de explotar el mundo y empezamos a regenerarlo juntos. Todos somos responsables y todos podemos ser parte de la solución. La abundancia es una decisión colectiva.

Capítulo 20

Alianzas como motor del cambio

En un mundo que todavía premia al que llega primero, el ODS 17 nos recuerda una verdad incómoda pero esencial: de nada sirve alcanzar la meta si no llegamos todos. El desarrollo no puede ser una carrera individual, porque los grandes desafíos de nuestro tiempo —climáticos, sociales y económicos— solo pueden resolverse desde la cooperación. Un solo hilo se rompe con facilidad; miles de hilos entrelazados forman una cuerda capaz de sostener el futuro. El ODS 17 pone en el centro las alianzas entre gobiernos, empresas y sociedad civil, recordándonos que la verdadera fuerza no está en competir sin límites, sino en colaborar con propósito compartido.

1. Competir vs. cooperar

Si el capítulo 15 mostraba los Objetivos de Desarrollo Sostenible como el mapa hacia un futuro mejor, el ODS 17 es la brújula que nos indica cómo llegar. Es la pieza más importante porque convierte la visión en acción. Sin cooperación los ODS son poesía; con alianzas reales son una fuerza imparable.

La economía actual se apoya en la escasez y la competencia, donde gana *el más fuerte* o *el más rápido*. La Economía de la Abundancia sustituye esa lógica por la colaboración estratégica, donde la suma de capacidades genera resultados imposibles de lograr en solitario.

No es teoría: empresas que comparten patentes verdes, ciudades que coordinan transporte y energía, universidades que trabajan con comunidades rurales para regenerar tierras. El futuro no se construye compitiendo, sino cooperando.

Cooperar constituye la base de una nueva inteligencia estratégica.

2. LAS ALIANZAS: EL PUENTE ENTRE LA VISIÓN Y LA REALIDAD

Las alianzas estratégicas son un modelo probado que funciona cuando se cumple una fórmula simple:

- Intereses claros y compartidos.
- Compromisos medibles.
- Beneficios para todos los actores.

Un ejemplo visual: Medellín renovó su flota de buses con energía limpia gracias a la alianza entre el gobierno local, las empresas de transporte y las universidades. Como resultado, se logró un 40 por ciento menos de emisiones, doscientos nuevos empleos, salud pública y orgullo comunitario.

En la Economía de la Abundancia, el ODS 17 es la segunda fuerza de acción junto al nuevo sistema de valoración económica basado en bienes y servicios que beneficien a las personas y a la naturaleza. Juntos crean un caudal de cambio capaz de transformar industrias, culturas y mentalidades.

El ODS 17 es el engranaje que une la consciencia con la acción. Sin él todo lo demás se queda en discurso.

3. CINCO PILARES PARA ACTIVAR EL ODS 17

- Financiación sostenible: Creación de fondos público-privados orientados a proyectos verdes y de impacto social. Ejemplo: en Kenia, un fondo de veinticinco millones de dólares, impulsado por un banco local junto a una ONG internacional, llevó energía solar a más de cien mil hogares rurales.
- Transferencia tecnológica: Liberación o cesión de patentes sostenibles para acelerar soluciones de impacto. Ejemplo: empresas que ponen en dominio abierto tecnologías de purificación de agua para comunidades sin acceso a agua potable.
- Comercio justo: Acuerdos comerciales que garanticen precios dignos y condiciones equitativas a los productores. Ejemplo: cooperativas de cacao en Ghana que venden directamente a fabricantes europeos, eliminando intermediarios abusivos.
- Instituciones fuertes: Fortalecimiento de gobiernos locales mediante capacitación y planificación sostenible. Ejemplo: programas de formación municipal en Chile orientados a la planificación urbana verde y resiliente.
- Intercambio abierto de conocimiento: Redes y plataformas digitales para compartir soluciones a escala global. Ejemplo: espacios donde universidades y ONG publican

investigaciones de acceso abierto sobre energías renovables. El conocimiento solo se convierte en poder cuando se comparte.

4. Ejemplos que ya están cambiando el juego

- La Unión Europea: Un espacio donde antiguas guerras dieron paso a la unión y a la cooperación como base para el desarrollo compartido de sus Estados miembros.
- El Acuerdo de París: Más de ciento noventa países coordinados frente al desafío común del cambio climático.
- Alianzas público-privadas: Iniciativas que llevan energías renovables a comunidades aisladas y zonas sin acceso a infraestructuras básicas.
- Fondos de inversión social: Vehículos financieros que impulsan proyectos de salud, educación y economía verde con impacto medible.
- Redes académicas internacionales: Colaboración científica abierta para afrontar pandemias y crisis climáticas.
- Empresas globales como Unilever: Compañías que integran la cooperación en su modelo de negocio y establecen nuevos estándares de responsabilidad y sostenibilidad.

5. Del yo al nosotros

La cooperación se revela como la estrategia más eficiente y menos costosa ante los retos globales. Ningún país, empresa ni individuo puede resolver en solitario el cambio climático, la pobreza o la pérdida de biodiversidad.

En la economía de la escasez predominaba la pregunta «¿Qué gano yo?». En la Economía de la Abundancia, el foco se desplaza hacia «¿Qué ganamos todos?». La elección es clara: persistir en la competencia que nos agota o apostar por una cooperación que nos regenere.

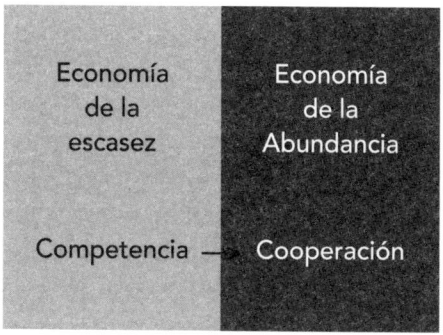

Capítulo 21
Ejemplos de la economía
de la abundancia

Lo que ayer parecía utopía hoy ya está pasando. La Economía de la Abundancia ya no es solo teoría: está sucediendo aquí y ahora. *Startups*, empresas, comunidades y ciudades enteras están demostrando que es posible alinear rentabilidad con impacto positivo. Estos casos lo prueban. Mientras la economía del pasado convertía el progreso en destrucción, la Economía de la Abundancia convierte la innovación en regeneración.

Lo que ayer parecía un sueño hoy mueve voluntades y miles de millones. La innovación, cuando la guía la consciencia y el propósito, no es lujo; es la respuesta creativa y urgente a los problemas más urgentes de nuestra era.

1. Innovación para la vida

A continuación, describo una serie de ejemplos vinculados con empresas que mejoran la salud, el bienestar y nuestra relación con lo que consumimos.

- Salud natural (ODS 3, ODS 12): En Galicia, Hifas da Terra cultiva hongos medicinales antes reservados a bosques remotos y los convierte en suplementos avalados por la ciencia. Hoy está valorada en más de cien millones de euros. Reflexión: la salud del futuro será la integración inteligente entre ciencia y naturaleza.

- Salud y bienestar tecnológicos (ODS 3, ODS 4): En España la *startup* HaloTech Digital Services, a través de su plataforma de IA y sus diferentes artefactos, garantiza la seguridad laboral. Ya está valorada en mas de cien millones de dólares. Reflexión: la tecnología, cuando protege la vida, se convierte en abundancia.

- Bienestar digital (ODS 3, ODS 9): *Apps* como Calm, valorada en más de 2000 millones de dólares, muestran que invertir en reducir estrés y mejorar el sueño es invertir en productividad y felicidad. El sector del bienestar ya supera los 6,3 billones de dólares. Reflexión: el bienestar no es un lujo; es la base de la pirámide de la Economía de la Abundancia.

- Moda sin culpa (ODS 12, ODS 13): Marcas como Stella McCartney fabrican ropa con micelio o *nylon* regenerado de redes de pesca. El mercado de la moda sostenible alcanzará 27 950 millones de dólares en 2030. Reflexión: vestir bien no tiene por qué dejar una huella tóxica.

- Agricultura que regenera (ODS 2, ODS 15): En México, proyectos de agricultura regenerativa restauran suelos, capturan carbono y aumentan productividad. Incluso grandes corporaciones ya invierten en este modelo. Reflexión: no es producir más o cuidar el planeta; es producir más cuidando el planeta.

2. INNOVACIÓN PARA EL PLANETA

He aquí algunos ejemplos de empresas que convierten el ingenio humano en regeneración ambiental.

- Energía en cada ventana (ODS 7, ODS 13): Ubiquitous Energy desarrolla paneles solares transparentes que convierten ventanas en generadores eléctricos. El mercado solar podría superar el billón de dólares en 2032. Reflexión: la energía limpia será tan invisible como el cristal y tan omnipresente como la luz.
- Plásticos que desaparecen (ODS 12, ODS 14): La *startup* Notpla crea envases comestibles a base de algas que sustituyen plásticos de un solo uso. El mercado de bioplásticos superará los 20 000 millones de dólares en 2028. Reflexión: la próxima evolución del plástico será que no deje rastro.
- Cemento que limpia el aire (ODS 9, ODS 11, ODS 13): La empresa holandesa Respyre fabrica concreto que permite crecer musgo en sus paredes, capturando CO_2 y mejorando la calidad del aire urbano. Reflexión: hasta las ciudades pueden convertirse en bosques si pensamos diferente.
- Tecnología que crea agua (ODS 6, ODS 9): *Startups* como Watergen extraen agua potable del aire, con capacidad de suministrar hasta cinco mil litros diarios en comunidades sin acceso seguro. Reflexión: convertir aire en agua ya no es ciencia ficción; es una solución replicable que cambia vidas en África, Asia o América Latina.

3. INNOVACIÓN PARA LA SOCIEDAD

A continuación, algunos ejemplos de empresas que fortalecen comunidades, economías y ciudades.

- Turismo que preserva (ODS 8, ODS 15): En Costa Rica, el ecoturismo financia la conservación de selvas y genera empleo local. El ecoturismo global podría superar los 561 900 millones de dólares en 2032. Reflexión: viajar puede ser un acto de conservación.
- Movilidad consciente (ODS 11, ODS 13): Ciudades como Ámsterdam han hecho de la bicicleta y la micromovilidad parte de su ADN urbano. El mercado de la micromovilidad superará los 66 000 millones de dólares en 2032. Reflexión: moverse mejor significa vivir mejor.
- Finanzas que cuidan (ODS 8, ODS 13, ODS 17): Los bonos verdes crecieron de 41 000 millones de dólares en 2007 a más de 450 000 millones de dólares en 2021. Reflexión: el dinero es un lenguaje, y cuando habla de sostenibilidad, el cambio se acelera.
- Construcción modular sostenible (ODS 9, ODS 11): Empresas como Plant Prefab fabrican viviendas modulares que reducen tiempo, coste y huella de carbono en un 50 por ciento. Reflexión: construir más rápido, mejor y más verde ya es posible.

Casos de la Economía de la Abundancia
y su relación con los ODS

Caso	ODS Relacionados	Impacto
Salud natural	3, 12	Medicinas regenerativas por ciencia
Bienestar digital	3, 9	Tecnología que reduce estrés y mejora salud
Moda sin culpa	12, 13	Materiales regenerativos en moda
Agricultura regenerativa	2, 15	Suelos sanos, productividad y biodiversidad
Energía en ventanas	7, 13	Arquitectura que genera energía limpia
Plásticos que desaparecen	12, 14	Envases biodegradables que sustituyen plásticos
Cemento verde	9, 11, 13	Ciudades que absorben CO_2
Tecnología del agua	6, 9	Agua potable desde el aire
Turismo que preserva	8, 15	Conservación financiada por turismo
Movilidad consciente	11, 13	Ciudades con transporte limpio y compartido
Finanzas que cuidan	8, 13, 17	Capital al servicio de sostenibilidad
Construcción modular	9, 11	Viviendas rápidas y de bajo impacto

4. Conclusión: la abundancia ya está aquí

Estos casos no son prototipos aislados, sino señales de que la Economía de la Abundancia ya ha comenzado su andadura. Cada uno responde a uno o varios ODS, demostrando que la rentabilidad puede ser aliada del bien común. Lo que hoy es pionero mañana será estándar.

La abundancia no es un acto de fe; es una estrategia replicable que cualquier país, empresa o ciudadano puede activar hoy mismo. Además, ya no espera, está ocurriendo, y su mayor riesgo es no verla a tiempo. El futuro ya no es un debate: está en marcha. La verdadera decisión es si lo verás pasar o lo ayudarás a crecer.

Con esto cerramos la parte II, «El camino». Lo que sigue en la parte III es aún más decisivo: cómo cada persona puede y debe participar. Porque el cambio global empieza contigo.

«Tú eres mi esperanza» («You are my hope»).

PARTE III
TU PARTICIPACIÓN

Capítulo 22

Educación para la abundancia personal

Aquí empieza tu parte del viaje, la educación que nadie puede hacer por ti. No hablamos de escuelas ni universidades, sino de tu vida como laboratorio de autoconocimiento.

La primera lección de la vida es sencilla y radical: el alma viene al mundo a expandirse mediante un proceso de crecimiento personal continuo. Desde allí comienza todo. Sin un proceso consciente de autoconocimiento y educación interior la abundancia personal es inalcanzable. No es un accesorio; es la base misma del camino.

Mientras el capítulo 11 trataba de la educación colectiva que transforma sociedades, aquí hablamos de la educación íntima que transforma tu propia alma.

1. La razón de la existencia: expandirnos

La pregunta sobre la razón de existir ha ocupado a religiones, filósofos y científicos. Mi respuesta es clara: el alma viene a expandirse, a dar frutos. Y esa necesidad de expansión es ilimitada; el acelerador o freno depende del proceso evolutivo de cada persona, depende de la fuerza e intensidad que cada persona ponga en su proceso de crecimiento personal.

La cuestión es «¿Cómo ayudo a mi alma a expandirse?». El primer paso es el autoconocimiento, seguido por la educación interior que permite alinearnos con las reglas universales del juego. Tú eres el único responsable de cumplir o no con el propósito de expansión de tu alma.

2. AUTOCONOCIMIENTO: TU ESCUELA SECRETA

Antes de preguntarte *qué hacer*, debes responderte *quién eres*. Conocerte a ti mismo no es una frase bonita ni un eslogan vacío; es un acto de honestidad radical. Significa atreverte a formular preguntas esenciales, escuchar las respuestas e implementar los cambios. Preguntas para iniciar tu viaje interior:

- ☑ ¿Qué me hace feliz y llena mi alma?
- ☑ ¿Cuáles son los deseos reales de mi ser?
- ☑ ¿Qué cosas me gustan y qué no?
- ☑ ¿Cómo quiero vivir mi vida?
- ☑ ¿Cuáles son mis dones y talentos naturales?
- ☑ ¿Cuáles son mis debilidades, sin juzgarme?
- ☑ ¿Quiero mejorar esas debilidades?
- ☑ ¿Cuál es mi propósito, y estoy alineado con él?
- ☑ ¿Qué miedos me frenan cuando quiero avanzar?
- ☑ ¿Qué pensamientos son recurrentes (positivos o negativos)?
- ☑ ¿Qué creencias heredé sobre el dinero, el éxito, el amor o el merecimiento?

☑ ¿Qué me expande?
☑ ¿Estoy viviendo una vida elegida por mí
   o impuesta por otros?
☑ ¿Qué me limita?
☑ ¿Están mis metas alineadas con mi ser?

Saber quién eres no significa definir tu profesión, tu rol social o lo que otros esperan de ti. Significa descubrir qué es lo importante para ti, qué valores son realmente tuyos, qué talentos te hacen único y qué límites marcan tu autenticidad. Más allá de cualquier respuesta precipitada, es un proceso de exploración constante.

Dios o el universo no premian al que tiene más, sino al que cree y actúa con determinación. La voluntad es la llave maestra de la expansión del alma.

Cuando no nos conocemos, vivimos en piloto automático, repitiendo programas ajenos. El autoconocimiento corrige la dirección y permite romper las frases limitantes que contraen el alma: «No puedo», «No soy suficiente», «Es demasiado difícil», etc.

Si la dirección no es correcta, jamás podrás llegar al destino deseado. Conocerte a ti mismo —como enseñaba Sócrates— es la tarea más difícil y la más liberadora. Nuestra cultura normalmente pone el foco en lo externo. No nos enseña a mirar hacia adentro, y por eso muchos se preguntan quiénes son solo cuando sienten el peso de una vida que no eligieron.

El autoconocimiento es la escuela secreta de la abundancia personal, donde no hay diplomas, sino una infinita libertad.

3. EDUCACIÓN DEL SER ANTES QUE LA DEL HACER

Comenzar a hacer sin antes ser es construir una casa desde el tejado. El alma se expande cuando actuamos en coherencia con lo que somos, no solo con lo que logramos. Por eso es tan importante el autoconocimiento.

Existen principios universales que, según cómo los vivamos, expanden o contraen nuestra alma. Nadie los encarna todos al mismo tiempo; cada persona avanza en unos y tropieza en otros. Precisamente ahí está la grandeza del camino: la expansión es un aprendizaje continuo e infinito.

Principios universales que expanden o contraen el alma:

- ✓ El amor expande; la envidia, el rencor y el odio contraen.
- ✓ La generosidad expande; el egoísmo contrae.
- ✓ La honestidad expande; el engaño contrae.
- ✓ El perdón expande; la venganza contrae.
- ✓ La compasión expande; la indiferencia contrae.
- ✓ La humildad expande; la soberbia contrae.
- ✓ La seguridad expande; la inseguridad contrae.
- ✓ La valentía expande; la cobardía contrae.
- ✓ La paciencia expande; la impaciencia contrae.
- ✓ La bondad expande; la mezquindad contrae.
- ✓ La alegría expande; la amargura contrae.
- ✓ La gratitud expande; la ingratitud contrae.
- ✓ La perseverancia expande; la pereza contrae.
- ✓ El conocimiento expande; la ignorancia contrae.
- ✓ La curiosidad expande; el conformismo contrae.
- ✓ La empatía expande; el egocentrismo contrae.

✓ La creatividad expande; la repetición mecánica contrae.
✓ La confianza expande; la desconfianza constante contrae.
✓ El servicio expande; el egoísmo aislante contrae.
✓ La esperanza expande; el cinismo contrae.

Piensa en esta lista como en una práctica diaria de autoevaluación. ¿Hoy actué desde el amor o desde el rencor?, ¿desde la generosidad o el egoísmo? El simple acto de observarte con honestidad ya te coloca en el camino de la educación para la abundancia.

Lo colectivo empieza en ti: sin educación del ser tu aporte a la sociedad será una máscara vacía.

4. La contabilidad del alma: tu balance personal

Así como en la contabilidad financiera se registran los movimientos que generan riqueza o pérdida, la vida posee también su propia contabilidad invisible. En cada pensamiento, decisión, emoción y acción elegimos entre aquello que expande y aquello que contrae nuestra alma. Esta tabla no es un dogma, sino una brújula destinada a orientar tu crecimiento hacia la abundancia interior.

Tu balance personal no está pensado para juzgarte ni castigarte, sino para observar con honestidad dónde te encuentras y medir el avance con alegría y determinación. Una lección profundamente significativa que aprendí de Sadhguru es que la única forma de no generar karma negativo adicional es realizar todo desde la alegría. Es un camino exigente, sin duda, pero profundamente transformador.

Contabilidad del alma

El haber y el debe de la expansión del ser

Haber (Expande)	Debe (Contrae)
Amor	Envidia/Odio
Generosidad	Egoísmo
Honestidad	Engaño
Perdón	Venganza
Compasión	Indiferencia
Humildad	Soberbia
Seguridad	Inseguridad
Valentía	Cobardía
Paciencia	Impaciencia
Bondad	Mezquindad
Alegría	Amargura
Gratitud	Ingratitud
Perseverancia	Pereza
Conocimiento	Ignorancia
Curiosidad	Conformismo
Empatía	Egocentrismo
Maldad	Bondad contraída

Si cada ser humano llevara esta contabilidad invisible, no necesitaríamos tantas leyes externas: el mundo sería gobernado por la consciencia.

5. Síntesis práctica: tres pasos para educarte en abundancia

1. *Conócete:* Explora tu alma, tu mente, tus emociones y tus creencias heredadas. Desarma la narrativa de la escasez.

Pregunta siempre «¿Esto lo pienso porque es verdad o porque me lo enseñaron?».

2. *Edúcate:* Cultiva hábitos, valores y aprendizajes que fortalezcan tu autenticidad y tu voluntad. La abundancia es disciplina espiritual, emocional y mental.

3. *Expándete:* Crece hasta donde tu alma lo pida, luego comparte lo que descubres con tu familia, tu comunidad y tu entorno. Educa con el ejemplo; tu coherencia enseña más que tus palabras.

Educarse en abundancia no es un curso con inicio y fin; es un ciclo de tres movimientos que se repite toda la vida. Y cada vez que lo recorres, alcanzas un nivel más profundo de expansión.

6. Vivir en abundancia

En la parte II del libro vimos cómo la educación puede regenerar sociedades y ecosistemas. Aquí hablamos de otra dimensión: la educación que te permite habitar tu abundancia interior.

El orden importa: primero transformarte tú, después transformar el mundo. Solo quien vive en abundancia puede multiplicarla hacia afuera. Vivir en abundancia no es un destino futuro; es una práctica diaria de coherencia entre lo que piensas, sientes y haces.

7. Creer es poder

La voluntad es la columna vertebral de esta educación. Cada vez que eliges crecer en lugar de rendirte, cada vez que eliges la verdad en vez de la comodidad, estás escribiendo tu propio libro de abundancia.

Como decía Gandhi: «Sé el cambio que quieres ver en el mundo». Esa es la lección más simple y más profunda de la educación para la abundancia. Educarte en abundancia es educarte para vivir con sentido. La verdadera educación personal no es acumular conocimiento; es cultivar voluntad y coherencia.

8. Conclusión

La educación colectiva construye sociedades; la educación personal construye tu alma. Educarte en abundancia es educarte para vivir con sentido. No es un diploma ni un título; es la vida misma enseñándote a ser tú. Cada día, con cada decisión, escribes tu propia bitácora de abundancia.

Lo extraordinario es que nunca termina; siempre hay un nivel más profundo al que entrar. Lo que sigue es descubrir cómo llevar esa abundancia interior a tu familia, tu comunidad y tu economía. El cambio global comienza contigo. «You are my hope».

Capítulo 23

Tu abundancia

Sé parte del cambio

La abundancia personal es tu derecho de nacimiento. Empieza en ti. Está en ti ahora, esperando que la actives.

Después de ver cómo se construye la abundancia colectiva en comunidad, es hora de volver la mirada hacia el origen de todo cambio: la experiencia íntima y transformadora de la abundancia personal. Tu abundancia es mi esperanza. «You are my hope».

Como dice mi amigo Mario Alonso Puig: «Nadie puede decidir sobre la dirección del viento, pero todos podemos influir en la dirección de nuestras vidas».

1. La abundancia personal

La abundancia personal es un estado elevado de consciencia: una forma de habitar la vida desde la plenitud y no desde la carencia. Implica una conexión sincera con quienes somos, con lo que ya poseemos, con nuestros dones y con nuestra capacidad creativa, vividos desde la autenticidad. No se trata de tener más, sino de necesitar menos; es el estado de quien vive en coherencia con lo que es.

La nueva economía solo puede construirse con personas plenas, nunca con almas fragmentadas. Recorrer el camino hacia la abundancia personal es una responsabilidad tanto individual como colectiva. Cuando una persona no la experimenta en sí misma, difícilmente puede contribuir a expandirla hacia afuera. Nadie puede ofrecer aquello que no ha cultivado.

Cuando un individuo alcanza la abundancia personal, no solo transforma su propia vida: genera un campo que irradia hacia su familia, su comunidad y su entorno. Quiero compartir algunas claves como pequeñas luces en el camino, no como fórmulas definitivas, para que inicies tu tránsito hacia el estado de consciencia de la abundancia.

La pregunta esencial es «¿Realmente lo quieres?». Muchos responden que sí, pero ante el primer obstáculo la motivación se disuelve. El deseo sin acción es solo ilusión.

2. Obstáculos para alcanzar la abundancia

El camino hacia la abundancia personal suele verse obstaculizado por enemigos silenciosos y profundamente arraigados: el autoengaño, el victimismo, la falta de autocompasión y las narrativas heredadas de escasez. No son fallos morales, sino mecanismos de defensa que, aunque comprensibles, bloquean el crecimiento y nos mantienen anclados en estados de carencia.

- El autoengaño aparece cuando evitamos mirar la realidad tal como es y nos contamos historias cómodas para esquivar la responsabilidad. Estas narrativas internas pueden aliviar momentáneamente, pero a largo plazo nos mantienen atrapados en patrones repetidos y limitantes. La abundancia comienza con una mirada honesta, aunque resulte incómoda.

- La victimización consiste en entregar nuestro poder personal al culpar a otros, al sistema o a las circunstancias. Cuando nos instalamos en el papel de víctimas, renunciamos a la capacidad de respuesta y perdemos la energía necesaria para transformarnos. Mientras alguien más sea el culpable, nosotros seguimos siendo impotentes.
- La falta de autocompasión se manifiesta cuando nos castigamos por fallar en lugar de aprender. La autocompasión no es indulgencia ni excusa, sino una forma madura de acompañarnos en el error para extraer de él comprensión y crecimiento. Sin ella el proceso se vuelve rígido y estéril.
- Las narrativas heredadas de escasez son creencias profundas sobre el dinero, el éxito, el merecimiento o el amor, transmitidas cultural y familiarmente. Con frecuencia, el verdadero obstáculo no es el mundo exterior, sino las historias que repetimos internamente sin cuestionarlas.

Identificar estos patrones es el primer paso; asumir responsabilidad plena es el segundo. Hacernos responsables de todo, incluyendo nuestra reacción frente a los problemas, hechos y circunstancias, es el nivel más profundo y liberador de la existencia. Importante reafirmar que si estás dormido reaccionas, pero si estás despierto eliges y te conviertes en el creador de tu vida.

Como aprendí del maestro indio Sadhguru, cada mañana me repito cinco veces: «Soy responsable de todo, incluso de aquello que no está bajo mi control». No siempre puedo resolverlo todo, pero este cambio de perspectiva transforma por completo la relación con la vida.

3. EL CAMINO LARGO

Los principales obstáculos en el camino hacia la abundancia

Cada obstáculo puede superarse con la clave de salida adecuada.

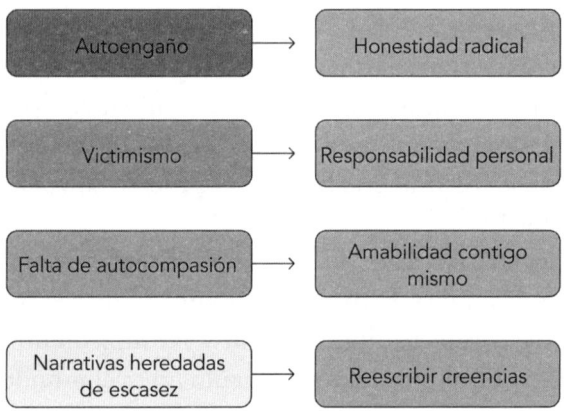

La abundancia personal no admite atajos. En una cultura fascinada por las soluciones rápidas y los resultados inmediatos, esta propuesta apunta deliberadamente al camino largo: el único que transforma de verdad. No es el trayecto más cómodo ni el más breve, pero sí el más fértil: aquel en el que cada paso madura la consciencia y ensancha el alma. De hecho, puedo dar fe de que el proceso del despertar es largo y duro: un desierto importante, pero de incalculables beneficios.

A continuación, te comparto el poema «Ítaca» de Konstantinos Kavafis, un texto que me acompaña desde hace años en mis propias travesías interiores, dándome aliento y dirección. Más que un poema, es una enseñanza viva sobre el sentido del viaje, la paciencia y la profundidad del proceso. Te invito a leerlo despacio, sin prisa, como una meditación activa, permitiendo que cada verso descienda más allá de la mente y penetre en la fibra. A veces, no es el destino lo que nos transforma, sino la calidad de presencia con la que caminamos hacia él.

«Cuando emprendas tu viaje a Ítaca
pide que el camino sea largo,
lleno de aventuras, lleno de experiencias.
No temas a los lestrigones ni a los cíclopes
ni al colérico Poseidón,
seres tales jamás hallarás en tu camino,
si tu pensar es elevado, si selecta
es la emoción que toca tu espíritu y tu cuerpo.
Ni a los lestrigones ni a los cíclopes
ni al salvaje Poseidón encontrarás,
si no los llevas dentro de tu alma,
si no los yergue tu alma ante ti.

Pide que el camino sea largo.
Que muchas sean las mañanas de verano
en que llegues —¡con qué placer y alegría!—
a puertos nunca vistos antes.
Detente en los emporios de Fenicia
y hazte con hermosas mercancías,
nácar y coral, ámbar y ébano
y toda suerte de perfumes sensuales,
cuantos más abundantes perfumes sensuales puedas.
Ve a muchas ciudades egipcias
a aprender, a aprender de sus sabios.

Ten siempre a Ítaca en tu mente.
Llegar allí es tu destino.

Mas no apresures nunca el viaje.
Mejor que dure muchos años
y atracar, viejo ya, en la isla,
enriquecido de cuanto ganaste en el camino
sin aguantar a que Ítaca te enriquezca.

Ítaca te brindó tan hermoso viaje.
Sin ella no habrías emprendido el camino.
Pero no tiene ya nada que darte.

Aunque la halles pobre, Ítaca no te ha engañado.
Así, sabio como te has vuelto, con tanta experiencia,
entenderás ya qué significan las Ítacas».

4. LAS FALSAS FUENTES DE ABUNDANCIA

Vivimos rodeados de promesas vacías que venden abundancia como acumulación, validación o superioridad. Eso no es prosperidad, sino una forma sofisticada de escasez. Creemos que tenemos abundancia porque tenemos cosas, porque nos miran, o porque destacamos; pero es parte de la máscara que oculta un vacío.

El ego busca la atención. La mente busca el control, el cuerpo el placer; pero el alma (consciencia) solo quiere sentido, conexión y expansión.

Aquí algunas de las falsas fuentes de abundancia más comunes:

(I) Acumulación de cosas: Cuanto más tenemos, más miedo sentimos a perder. Confundimos con facilidad el tener con el ser.

(II) Validación externa: Vivir pendiente de la aprobación es vivir esclavo del juicio.

(III)   Éxito sin propósito: Títulos, logros y posesiones sin alma terminan en vacío.

(IV)   Control: Confundir seguridad con abundancia es vivir en tensión.

(V)   Dar para recibir: Incluso el dar se convierte en escasez si se hace con expectativa.

Aprender a vivir fuera de las falsas fuentes de abundancia puede ser difícil y a veces hasta doloroso, pero es el camino de la libertad.

5. FLUIR DESDE EL SER

Abundare, 'abundancia' en latín, significa literalmente 'fluir en olas'. Fluir no es resignarse, sino tener la valentía de soltar el control excesivo y abrirse a lo que la vida ofrece. Es saber navegar desde la profundidad del ser con confianza, sin la urgencia del hacer.

Fluir es moverse con la vida, adaptarse con sabiduría, distinguir entre lo que podemos cambiar y lo que debemos aceptar. La *Oración de la serenidad* del teólogo Reinhold Niebuhr lo expresa de manera hermosa y clara:

«Dios, concédeme la serenidad para aceptar las cosas que no puedo cambiar, el valor para cambiar las que puedo, y la sabiduría para reconocer la diferencia».

Cada vez que soltamos el control excesivo, nos acercamos más a nuestra esencia. Es aprender a ver en cada dificultad una oportunidad de evolución para cultivar la presencia, la gratitud y la humildad.

En mi caso, he intentado transformar —con aciertos y errores— cada crisis en crecimiento personal. Hasta las experiencias más duras me han enseñado algo sobre mí. Cada problema tiene un mensaje, una puerta, y si decides abrirla te conduce a un nivel más profundo de ti mismo.

No tienes que convertirte en alguien distinto; se trata de recordar quién eres, quitando capas y volviendo al origen. Tú ya eres suficiente. Tú ya eres fuente.

El arte de fluir es la práctica suprema de la abundancia.

6. GRATITUD EXTREMA

La gratitud no es una cortesía social; es la esencia del alma. Reconocerla implica aceptar que, incluso en medio del dolor, la vida sigue siendo un regalo precioso. La gratitud extrema no niega las dificultades; las trasciende al dirigir la atención hacia aquello que permanece, nos sostiene y continúa funcionando a pesar de todo.

La gratitud extrema es una oración silenciosa que transforma la energía, la percepción y también la biología. Diversos estudios en neurociencia muestran que la práctica sostenida de la gratitud modifica la estructura y el funcionamiento del cerebro, incrementa la resiliencia, fortalece la compasión y mejora la calidad del vínculo con los demás. Nos ancla al presente y atenúa la ansiedad proyectada hacia el futuro.

La gratitud extrema es el arte de agradecer incluso lo incomprensible. Es en ese punto donde ocurre el mayor milagro: se devuelve el poder al alma.

7. CONCLUSIÓN

La abundancia personal no es una meta lejana ni un premio por haberlo hecho *bien*; es una forma de vivir en el aquí y ahora con autenticidad, amor y sabiduría. No esperes a que llegue el momento perfecto: no existe. El momento adecuado es siempre este. La abundancia no se busca, se recuerda. Cuando no la encarnas en tu propia vida, nadie podrá hacerlo en tu lugar.

10 claves para activar tu abundancia personal

Una síntesis visual para tu camino interior

1. Autoconocimiento	Conócete con honestidad radical
2. Responsabilidad	Toma control de tus decisiones y resultados
3. Voluntad	La disciplina es la columna vertebral del crecimiento
4. Gratitud extrema	Transforma incluso la dificultad en poder personal
5. Fluir	Acepta, adáptate y confía en la vida
6. Propósito	Alinea talentos y valores con el bien común
7. Creatividad	Transforma obstáculos en oportunidades
8. Servicio	La abundancia crece cuando se comparte
9. Esperanza	Cree en un futuro mejor y actúa hacia él
10. Amor	La fuerza expansiva más poderosa del universo

Capítulo 24

Creación del mercado consciente

El mundo cambia a diario, aunque pocas veces nos detenemos a reconocer que los principales motores de ese cambio somos nosotros mismos. Cada compra que realizamos, cada producto que apoyamos y cada voto que emitimos son decisiones concretas que sostienen un sistema o contribuyen a transformarlo.

El mercado no es un ente abstracto: es la suma de nuestras elecciones. Cuando una persona permanece dormida, repite inercias y refuerza dinámicas que destruyen y manipulan. Cuando despierta, sus decisiones se convierten en una auténtica fuerza de renovación.

1. El poder del consumidor consciente

Un mercado consciente nace cuando dejamos de ser clientes pasivos y nos convertimos en protagonistas. Cada vez que eliges un producto justo, sostenible, saludable o innovador, estás decidiendo el futuro que deseas habitar. Ninguna campaña de *marketing* puede resistir un cambio masivo en las preferencias de millones de personas. Como afirmó la célebre antropóloga Margaret Mead: «Nunca dudes de que un pequeño grupo de ciudadanos comprometidos puede cambiar el mundo; de hecho, es lo único que lo ha logrado».

Muchas empresas han aprendido a disfrazarse. El llamado *greenwashing* maquilla prácticas que siguen dañando la vida. Promesas publicitarias cargadas de palabras verdes y vacías buscan tranquilizar conciencias sin transformar los procesos de fondo. Frente a ello, el ciudadano despierto, consciente de su poder, no se limita a consumir: investiga, compara, distingue la autenticidad y desenmascara la manipulación.

La historia ofrece ejemplos claros. El boicot internacional contra Nestlé en los años 90 por la comercialización de fórmula infantil forzó cambios en políticas globales, y el auge de los productos orgánicos empujó a gigantes como Walmart o Carrefour a transformar su oferta. Cuando el mercado permanece dormido, otros deciden por ti: corporaciones centradas en el beneficio inmediato, algoritmos que moldean el deseo y propaganda que orienta el voto. Cuando despiertas, el poder regresa a tus manos y eliges el rumbo.

2. El elector consciente: política para el bien común

La política no pertenece solo a los políticos; refleja lo que una sociedad exige o tolera. Del mismo modo que un mercado consciente impulsa a las empresas responsables, una ciudadanía despierta orienta a sus líderes hacia la coherencia. El voto movido únicamente por la emoción resulta fácilmente manipulable; el voto consciente se apoya en hechos, examina la coherencia entre palabras y acciones y asume la responsabilidad de saber que cada sufragio moldea el destino común.

Dedicamos tiempo a memorizar estadísticas deportivas o detalles de películas, y, sin embargo, al comprar o votar a menudo nos conformamos con impresiones superficiales. En ese descuido se instala la manipulación. El ejemplo de los países nórdicos, donde la presión ciudadana transformó la matriz energética, muestra que el voto informado y persistente cambia realidades.

3. EL CÍRCULO VIRTUOSO DEL BIEN COMÚN

Cuando el consumidor y el elector conscientes coinciden en una misma persona —en ti— se activa un círculo virtuoso:

- En el mercado, apoyas lo que expande la vida y desplazas lo que la degrada.
- En la política, impulsas proyectos coherentes y frenas discursos vacíos sin voluntad de acción.

La suma de millones de decisiones cotidianas posee más fuerza que cualquier campaña publicitaria, decreto o estrategia electoral. Esa energía colectiva puede acelerar la transición hacia una economía y una política despiertas, al servicio del bien común y capaces de generar abundancia compartida. Cada compra es un voto silencioso; cada voto es una inversión en el futuro.

El círculo virtuoso del bien común

Bien Común

Consumidor Consciente — Ciudadano despierto — Elector consciente

4. EL CIUDADANO DESPIERTO: PROTAGONISTA DEL CAMBIO

El despertar de la consciencia en lo cotidiano es el camino del cambio. Nacerá de millones de ciudadanos despiertos que actúan con naturalidad y coherencia, transformando el mercado y la política sin necesidad de grandes discursos.

Un ciudadano despierto no espera que el mundo cambie: asume su responsabilidad y colabora cada día, desde la compra que hace hasta la papeleta que deposita en la urna. El cambio empieza en la consciencia y se concreta en la acción.

Así como en la abundancia personal elegimos expandirnos, en el mercado y la política elegimos multiplicar el impacto hacia el bien común. El mundo no cambia porque existan héroes solitarios, sino porque millones de ciudadanos despiertos deciden actuar con coherencia.

En un estado más maduro del mercado consciente, desaparecerá el espacio para el egoísmo, la manipulación y la destrucción, y nacerá la Economía de la Abundancia sobre la base de la cooperación, el propósito y el bien común.

Tú eres esa chispa. «Tú eres mi esperanza» («You are my hope»).

Capítulo 25

Comunicación: la clave del cambio

Si quienes impulsan el cambio no comunican con claridad, el espacio termina siendo ocupado por quienes prefieren perpetuar el egoísmo y la lógica de la escasez. El silencio, incluso cuando nace de la honestidad o de la prudencia, deja el relato en manos de quienes no dudan en imponerlo.

He conocido muchas empresas y también a algunos políticos que están despiertos y que actúan con coherencia, pero que muestran timidez a la hora de comunicar lo que hacen. Sin relato el impacto se diluye. Lo que no se comunica no existe en la consciencia colectiva. Además de la acción, el cambio necesita un combustible renovable: una comunicación estratégica y auténtica, capaz de inspirar, dar sentido y abrir imaginarios nuevos sin caer en la propaganda ni en el vacío retórico.

1. Comunicación como motor
de transformación

Muchos me tildaron de loco cuando decidí transformar *Cambio 16* —un medio de comunicación político, económico y social fundado en 1971— en una plataforma de propósito orientada a fomentar un cambio de conciencia para construir la Economía de la Abundancia. Muchos afirmaron que iba a quebrar. Las críticas se intensificaron cuando propuse dejar de publicar noticias amarillistas o centradas en lo negativo, que de eso ya estaba saturado el ecosistema mediático. Mi intención era publicar información que dejara un valor real y positivo en la audiencia.

La reacción no se hizo esperar. Recibí un boicot importante, amparado en una de las máximas más arraigadas del periodismo tradicional: las buenas noticias no son noticias. Esa frase resume con crudeza el diseño de un sistema de comunicación que en lugar de ampliar la consciencia tiende a reforzar el miedo, la división y la percepción de escasez. Tomé entonces una decisión rotunda: *Cambio 16* no amplificaría el miedo, sino que trabajaría para despertar conciencias. Este libro persigue el mismo propósito: ofrecer claridad y consciencia aplicadas a la economía y a la política, entendidas como herramientas al servicio de la vida.

2. El mito del silencio del bien

Existe una idea ampliamente extendida según la cual *el bien actúa en silencio*. Se trata de una verdad parcial que, en el contexto actual, resulta insuficiente y, en muchos casos, perjudicial. Ha llegado el momento de que el bien grite, y lo haga con claridad, de manera consciente y estratégica.

Bajo esta creencia, numerosos líderes que realizan acciones valiosas en favor del bien común optan por no comunicarlas, apelando a la modestia o a la discreción. El efecto colateral de esta actitud es profundo: la mayoría de las personas queda expuesta casi exclusivamente a relatos de conflicto, abuso y destrucción, y termina creyendo que el mundo es cruel y no tiene solución.

El silencio del bien ya no es humildad: es complicidad. Cuando las historias que inspiran no se cuentan, el espacio narrativo queda disponible para el miedo y la manipulación. Comunicar el bien no implica vanidad; implica ampliar el ejemplo, fortalecer la esperanza y ofrecer referencias vivas de que otra forma de vivir, de liderar y de organizar la sociedad es posible.

El poder de la comunicación del bien

3. EL BIEN OCULTO: FORTUNAS AL SERVICIO DEL BIEN COMÚN

Un ejemplo del bien silente es la siguiente lista con los nombres y cifras de personas que donaron miles de millones al bien común y cuya generosidad se desconoce. El despertar de la consciencia de las personas suele transformar su avaricia en generosidad, donando al bien común lo que tanto les costó ganar.

No podemos ignorar que las grandes donaciones de multimillonarios, si bien benefician causas nobles, a menudo esconden motivaciones complejas como beneficios fiscales, mejora de imagen pública, influencia política y económica, y la creación de un *negocio filantrópico* (filantrocapitalismo) que, al no atacar las causas de raíz, a veces perpetúa los problemas que trata de resolver. No obstante, me parece adecuado destacar el altruismo a grandes rasgos, más allá de su *letra pequeña*, como una forma de animar a todas aquellas personas con recursos a seguir el ejemplo de la donación: un camino necesario para seguir construyendo el bien común.

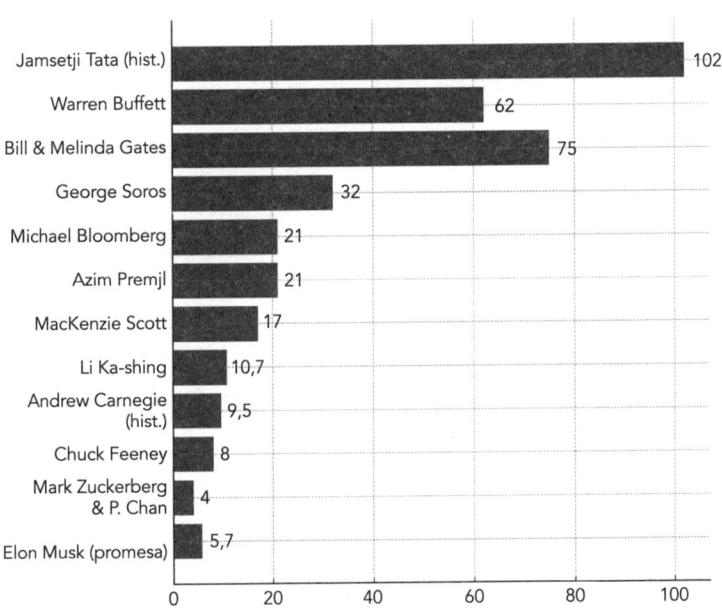

Grandes Fortunas Donadas al Bien Común

Donaciones estimadas (miles de millones USD)

Si sumamos las cifras de los doce mayores donantes que incluyo aquí, el total aproximado es de 139 700 millones de dólares donados al bien común.

Adicionalmente, para dar una idea del contexto global, los veinticinco mayores filántropos de EE. UU. han donado aproximadamente 241 mil millones en su vida (un aumento de treinta mil millones respecto al año anterior)*.

El cambio pasa porque, bajo las premisas de este libro, todas las fortunas del mundo trabajen en favor del bien común y el sistema económico se retroalimente de su filantropía a perpetuidad.

4. COMUNICACIÓN PARA LA ABUNDANCIA

El cambio requiere estrategia. No basta con hacer las cosas bien; es necesario comunicarlas con claridad, consistencia y propósito. En un mundo saturado de mensajes, la ausencia de un relato consciente deja el terreno libre a narrativas que refuerzan el miedo, la confusión y la inercia.

Una comunicación estratégica no se limita a informar. Tiene la capacidad de transformar, educar, inspirar y movilizar voluntades. Traduce la acción en sentido compartido, convierte la experiencia en aprendizaje colectivo y abre horizontes de posibilidad. Sin comunicación incluso las mejores iniciativas permanecen aisladas y pierden fuerza.

La acción positiva sin comunicación genera impacto limitado y fragmentado. La acción positiva acompañada de una comunicación estratégica se convierte en impacto colectivo, capaz de contagiar, escalar y acelerar el cambio que la sociedad necesita.

---

* https://www.atlanticphilanthropies.org/big-questions/why-did-chuck-feeney-devote-his-wealth-to-philanthropy.

**Acción positiva
SIN comunicación**

Impacto reducido

↓

**Acción positiva
CON comunicación estratégica**

Impacto colectivo

5. El cuello de botella de la comunicación

En mis conferencias con empresarios se repite una escena reveladora. Muchos de ellos están impulsando cambios profundos hacia la sostenibilidad: invierten en energías limpias, desarrollan procesos circulares y cuidan de forma genuina el bienestar de sus trabajadores. Existe acción real y compromiso auténtico. Sin embargo, cuando les pregunto si esos avances están teniendo un impacto positivo en sus clientes y en su cuenta de resultados, la respuesta suele ser frustrante: no. La razón es sencilla y, a la vez, decisiva: no lo comunican. Ahí aparece el verdadero cuello de botella.

¿Cómo pueden los clientes valorar aquello que desconocen? ¿De qué manera esperan que ese esfuerzo se traduzca en reputación, confianza o ventas si permanece invisible? Comunicar con valentía y claridad no es propaganda ni autobombo. Es coherencia. Es permitir que lo que ya se está haciendo bien pueda desplegar su efecto positivo tanto dentro como fuera de la organización. El gran teórico de la comunicación Marshall McLuhan lo dejó expresado hace décadas: «El medio es el mensaje». La forma en que comunicamos define, en gran medida, el impacto real de lo que hacemos.

6. Frases que abren caminos

La comunicación de la Economía de la Abundancia necesita nuevas frases que actúen como axiomas culturales, ideas simples y profundas capaces de ordenar la acción colectiva. A lo largo de estas páginas aparecen muchas expresiones llamadas a convertirse en semillas de cambio, entre ellas:

- El amor expande; el rencor y la envidia contraen.
- El voto dormido es manipulado por la emoción; el voto despierto exige coherencia y actúa con responsabilidad.
- La abundancia personal no es tener más, sino necesitar menos desde la plenitud.

La comunicación estratégica consiste en dar forma y vuelo a estas verdades esenciales para que circulen, inspiren y se conviertan en acción colectiva. Una frase, por sí sola, no transforma el mundo, pero puede transformar la percepción de una persona. Cuando muchas personas cambian su forma de ver y comprender, el mundo se transforma.

7. C16Lab: comunicación estratégica con propósito

Para acompañar a empresas y gobiernos en el proceso de comunicar su impacto positivo, creé C16Lab a partir de la experiencia acumulada durante décadas en *Cambio 16*. C16Lab nace como una extensión natural de ese recorrido, trasladando al terreno de la consultoría el aprendizaje adquirido en la transformación editorial de un medio tradicional hacia una plataforma de consciencia, propósito y cambio cultural.

C16Lab es una consultora *boutique* de comunicación estratégica especializada en acompañar procesos de transición: de modelos centrados exclusivamente en el beneficio a modelos orientados a la Economía de la Abundancia, la sostenibilidad y el impacto positivo. Trabaja con organizaciones que ya están haciendo las cosas bien —o que desean hacerlo— y necesitan ordenar, clarificar y comunicar su propósito de forma coherente, honesta y eficaz.

No se trata de *marketing* vacío ni de maquillaje discursivo. C16Lab parte de una premisa simple y exigente: no se comunica lo que no existe. Por eso su trabajo comienza escuchando, comprendiendo el modelo de negocio, la cultura interna y el grado real de consciencia de la organización. A partir de ahí, traduce acciones, valores y visión en un relato comprensible, creíble y movilizador, capaz de generar confianza, reputación y legitimidad social.

El futuro pertenece a quienes sepan comunicar el bien con claridad y responsabilidad. La comunicación es la llave que abre la consciencia colectiva, multiplica los ejemplos que funcionan y acelera la transición hacia una sociedad más humana, justa y regenerativa.

8. Conclusión

El bien que no se comunica se queda pequeño; el bien comunicado se expande, se replica y adquiere una fuerza que trasciende a quienes lo iniciaron. Cada historia de coherencia, regeneración o abundancia compartida puede convertirse en una chispa capaz de despertar otras voluntades, abrir caminos de confianza y legitimar nuevas formas de actuar. Por eso la comunicación no es un accesorio ni un añadido estético, sino una herramienta estratégica de primer orden. El relato constru-ye imaginarios, orienta valores y conecta acciones individuales en una dinámica colectiva que puede acelerar el despertar de la consciencia colectiva de la humanidad.

Capítulo 26

Europa ante su gran oportunidad

En un mundo que parece avanzar hacia la confrontación y la lógica de la escasez, Europa aún conserva una llama distinta: la del humanismo. No necesita ser la más rica ni la más poderosa; necesita ser la más inspiradora. Mientras Estados Unidos proclama «America first» y China impulsa su «Made in China», Europa tiene la oportunidad histórica de elegir un camino diferente: el de liderar la Economía de la Abundancia.

Europa no necesita competir en armamento ni en poder bruto. Su verdadera fortaleza es más antigua y, a la vez, profundamente revolucionaria: el humanismo. Ese legado cultural y ético, forjado a lo largo de siglos de filosofía, ciencia, arte y derechos sociales, la sitúa como uno de los últimos bastiones de una visión que coloca a las personas y a la naturaleza en el centro.

1. Alianzas para el bien común

La Unión Europea, con más de quinientos millones de habitantes, constituye ya el mayor ejemplo global de alianzas estratégicas orientadas al bien común (ODS 17). Su capacidad de cooperación transnacional, aun con sus imperfecciones y tensiones naturales, sigue siendo única y sorprendente. Donde durante siglos hubo guerras y devastación, hoy existen marcos de cooperación, prosperidad compartida y una voluntad de convivencia inédita en la historia del continente.

Sin embargo, Europa necesita revitalizar su propósito y dotar de un sentido renovado a su proyecto común. Todo apunta a que el camino más coherente es convertirse en motor de una economía regenerativa capaz de expandir el bienestar de forma sostenible y a largo plazo. Los países nórdicos ya señalan esta dirección como sociedades más equitativas y sostenibles, y la Comisión Europea ha puesto sobre la mesa el Pacto Verde Europeo como hoja de ruta. El verdadero desafío consiste en convertir estas iniciativas en un compromiso colectivo que impregne al conjunto del continente, más allá de las élites o de los países pioneros.

Reducir barreras burocráticas, incentivar la innovación con propósito y alinear los mercados financieros con objetivos de impacto social y ambiental puede abrir un nuevo ciclo de prosperidad compartida para todos los Estados miembros.

2. EUROPA COMO LABORATORIO GLOBAL

Europa tiene ante sí una oportunidad histórica: convertirse en el primer laboratorio continental de la Economía de la Abundancia. El espacio está abierto y, por ahora, sin competencia real. No es una cuestión de recursos, sino de visión y voluntad política. Europa no necesita dejarse arrastrar por la pugna geoestratégica entre Estados Unidos y China; puede y debe marcar su propio rumbo.

Su ventaja competitiva no reside en producir más barato ni en acumular más poder militar, sino en demostrar que es posible un modelo de prosperidad basado en la regeneración, la equidad y el cuidado de la vida. Si Europa logra mostrar que se puede innovar respetando los límites del planeta, garantizar cohesión social y mantener competitividad económica, se convertirá en un referente inevitable para el resto del mundo. Más que imponer, se trata de señalar la dirección correcta.

Europa puede consolidarse como una *marca global* asociada no al dominio, sino a la regeneración. Del mismo modo que Estados Unidos exporta cultura y China manufacturas, Europa puede exportar un modelo económico humanista, centrado en el bienestar y la dignidad. Cuenta con el capital humano, la trayectoria histórica y los recursos necesarios para hacerlo realidad. Solo falta liberar plenamente la creatividad humana mediante una orientación clara, incentivos coherentes y una simplificación administrativa que permita convertir esa visión en objetivos concretos, medibles y transformadores.

Europa como Laboratorio de la Abundancia

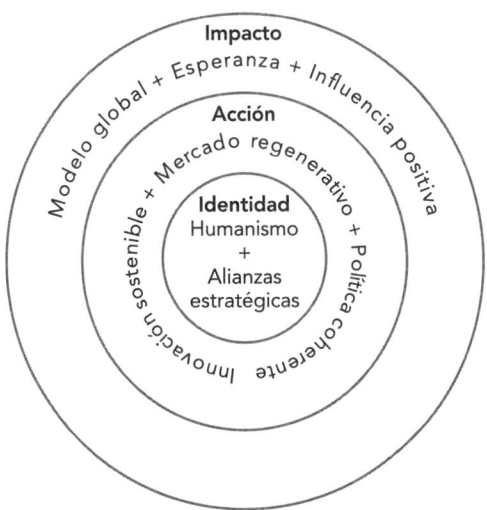

3. Europa, la esperanza

Europa será recordada no por lo que conquistó, sino por lo que regeneró. Si lidera la Economía de la Abundancia, podrá recuperar su rango de influencia global y convertirse en la esperanza de millones de personas que buscan un futuro distinto al de la confrontación, competencia letal, acumulación irracional y la escasez.

El futuro pertenece, en vez de a quienes gritan fuerte, a quienes inspiran con coherencia. Y hoy, Europa tiene en sus manos la llave de esa inspiración.

4. España como puente

Dentro de este escenario, España puede jugar un papel estratégico: convertirse en el puente natural de intercambio de tecnologías y modelos sostenibles entre Europa e Hispanoamérica. No se trata solo de comercio, sino de custodiar los recursos naturales de América para el bien común de toda la humanidad. La historia compartida y la lengua común hacen de este puente una ventaja única.

Europa, laboratorio de la abundancia

Humanismo Último bestión de la dignidad humana y los valores universales	ODS 17 Ejemplo de alianzas estratégicas para más de 500 millones de personas
Liderazgo Global Espacio abierto para liderar la economía de la abundancia	España como puente Intercambio de tecnologías sostenibles con Hispanoamérica

5. Conclusión: el bastión del humanismo

Europa debe elegir entre ser un actor más en la pugna por el poder o atreverse a convertirse en el corazón de la economía regenerativa del planeta. Tiene la legitimidad histórica, la cultura humanista y la capacidad tecnológica para hacerlo.

No se trata únicamente de política económica, sino de propósito civilizatorio: demostrar que es posible crecer cuidando la vida. Que es posible prosperar sin destruir. Que el verdadero liderazgo no se mide en supremacía, sino en capacidad de inspirar y regenerar.

El último bastión del humanismo tiene ahora la oportunidad de convertirse en el primer laboratorio mundial de la abundancia.

Europa, tú eres mi esperanza. «You are my hope».

Capítulo 27

Tecnología consciente al servicio de la vida

La tecnología ha sido siempre una expresión de la creatividad humana. Desde la rueda hasta la inteligencia artificial, cada invento refleja nuestro deseo de mejorar la vida. Pero también, demasiadas veces, nuestra avaricia y afán de poder. El problema no está en la tecnología en sí, sino en la consciencia de quienes la crean y la usan.

Una tecnología inconsciente multiplica la escasez, la desigualdad y el control. Una tecnología consciente, en cambio, multiplica la vida. Hoy estamos frente a una encrucijada decisiva: o la tecnología se convierte en un instrumento de dominio y acumulación, o se convierte en la aliada más poderosa para construir la Economía de la Abundancia.

1. Tecnología como espejo de la consciencia

La tecnología es como un espejo: amplifica lo que somos. La inteligencia artificial, por ejemplo, puede democratizar el conocimiento o convertirse en un mecanismo de vigilancia masiva y de desplazamiento universal del trabajo. La biotecnología puede alimentar a millones o manipular genéticamente la vida con fines egoístas.

Lo que define su impacto no es el algoritmo ni el metal, sino la intención y la consciencia de quienes la diseñan y quienes la consumen. Por eso, hablar de tecnologías conscientes no será posible con ciudadanos dormidos. Solo un despertar colectivo de la consciencia puede asegurar que los valores humanistas, el respeto por la vida y la visión regenerativa del futuro se integran en las innovaciones tecnológicas.

La velocidad de los desarrollos tecnológicos imprime urgencia al proceso de despertar. No basta con quejarse: hay que actuar. De lo contrario, prevalecerá la intención de dominio y acumulación, haciendo el mundo todavía más injusto, desigual y destructivo. Y no es un tema moral, sino de ignorancia de sus creadores al no conocer otra forma de generación de riqueza que sea beneficiosa para todos.

Vivimos una paradoja inédita: nunca hemos tenido más acceso a conocimiento, pero nunca hemos estado más distraídos. Nunca hemos tenido más herramientas de conexión, pero nunca hemos estado más fragmentados. Nunca hemos tenido tanto poder para transformar el planeta, pero nunca lo hemos puesto tan en riesgo. La tecnología sin consciencia nos encierra en esta trampa de falsa abundancia.

2. Riesgos de la tecnología inconsciente

Si dejamos que la tecnología siga el curso natural de un mercado dominado por el miedo y la avaricia, sus riesgos se vuelven evidentes:

- Vigilancia masiva que erosiona libertades y derechos humanos.

- Automatización deshumanizada que reemplaza trabajos sin crear alternativas dignas.
- Manipulación digital que alimenta divisiones sociales y polarización política.
- Obsolescencia programada que acelera la destrucción de ecosistemas.
- Adicción digital que fragmenta la atención y desconecta de la vida real.

Una tecnología sin consciencia no es progreso; es retroceso disfrazado de innovación.

Tecnología Inconsciente vs Tecnología Consciente

Ámbito	Tecnología Insconsciente	Tecnología Consciente
Inteligencia Artificial	Vigilancia masiva	IA ética y transparente
Biotecnología	Manipulación genética con fines egoístas	Regeneración y salud planetaria
Energía	Dependencia de fósiles	Energías limpias y renovables
Blockchain	Opacidad/ especulación	Transparencia y trazabilidad
Educación Digital	Brechas digitales	Acceso inclusivo y universal
Apps & Bienestar	Adicción/distracción	Expansión de consciencia

LA ECONOMÍA DE LA ABUNDANCIA

3. MI EXPERIENCIA: MODELOS TECNOLÓGICOS PARA DESPERTAR

En mi trabajo estamos investigando y poniendo a prueba modelos tecnológicos que permitan masificar y escalar nuestra metodología para el despertar de la consciencia y para una toma de decisiones más consciente y sabia. Hasta ahora, no conozco ninguna tecnología cuya finalidad explícita sea acompañar de forma integral a las personas en estos procesos vitales, más allá de intervenciones parciales o utilitarias.

Existen iniciativas valiosas, como la aplicación Calm, que contribuye a reducir el estrés, mejorar el sueño e introducir a muchas personas en la práctica de la meditación. Se trata de un paso significativo. Hace apenas veinte años habría resultado impensable que Wall Street apostara por una empresa cuyo núcleo fuera la calma interior. Ese solo hecho constituye ya una señal clara de cambio cultural.

Sin embargo, la meditación es un camino profundo, largo y exigente que requiere disciplina, constancia y un compromiso sostenido. Una aplicación puede abrir la puerta, pero no sustituye el trabajo interior que ese camino implica. Lo que necesitamos son tecnologías capaces de acompañar de manera auténtica el proceso de despertar, no solo como paliativos frente al estrés, sino como herramientas que favorezcan una expansión real de la consciencia.

El terreno comienza a estar preparado. Si ya existe capital financiero dispuesto a invertir en bienestar, también puede orientarse hacia tecnologías que apoyen el despertar de la consciencia. Para que eso ocurra, se necesitan consumidores despiertos y líderes conscientes. De lo contrario, incluso las tecnologías más prometedoras acabarán siendo dirigidas por la ambición de poder y de acumulación económica.

Una tecnología desprovista de propósito humanista termina convirtiéndose en un instrumento más de control. Una tecnología guiada por la consciencia puede transformarse en un aliado del bien común. Existen ya ejemplos concretos de tecnologías con propósito: buscadores como Ecosia, que planta árboles con cada búsqueda; aplicaciones como Too Good to Go, que reducen el desperdicio de alimentos; o plataformas basadas en *blockchain* que garantizan trazabilidad y comercio justo. No se trata de utopías, sino de semillas reales de una tecnología consciente que empieza a abrirse paso.

4. LA PROMESA DE LA TECNOLOGÍA CONSCIENTE

Imagina un mundo en el que:

- Las energías limpias permiten prosperidad para todos sin destruir el planeta.
- La inteligencia artificial ética democratiza el conocimiento y amplía nuestras capacidades en lugar de sustituirlas.
- La biotecnología regenerativa restaura suelos, océanos y bosques degradados.
- *Blockchain* con propósito garantiza transparencia en gobiernos y empresas.
- La educación digital inclusiva democratiza el conocimiento a escala planetaria.
- *Apps* y plataformas conscientes ayudan no solo a calmar la mente, sino a expandir la consciencia de millones de personas.

La tecnología consciente potencia al ser humano, en vez de reemplazarlo, y pone los datos al servicio de la dignidad, la equidad y la expansión de la consciencia.

Europa, con su Pacto Verde Digital, ya vislumbra esta ruta: liderar la transición hacia una tecnología que no solo sea competitiva, sino regenerativa. Si Europa asume ese liderazgo, mostrará al mundo que innovación y humanismo pueden caminar juntos. Lastima que, con los problemas geopolíticos, Europa ha retrasado su implementación.

El mayor peligro no es que las máquinas piensen como humanos, sino que los humanos dejemos de pensar conscientemente y terminemos comportándonos como máquinas.

5. La brújula ética

Cada innovación tecnológica debería pasar por un filtro simple pero decisivo, una brújula ética y por el precepto constitucional que conversamos anteriormente de ganar-ganar, donde la tecnología que no favorezca al ser humano y la naturaleza sea inconstitucional:

- ¿Esto expande la vida o la reduce?
- ¿Contribuye a la equidad o profundiza la exclusión?
- ¿Respeta la dignidad humana y los ecosistemas?
- ¿Despierta a las personas o las adormece más en el consumismo y la distracción?

Responder con honestidad a estas preguntas no detiene el progreso: lo acelera, porque evita caer en trampas que tarde o temprano destruyen la confianza social.

Tecnología: dos caminos

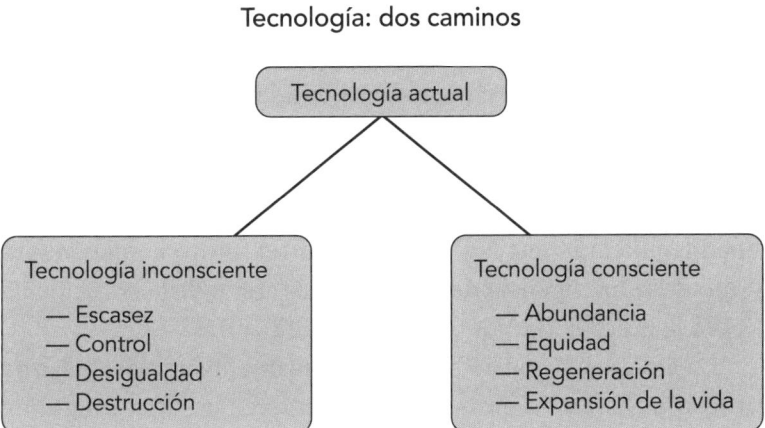

6. Conclusión: tecnología para despertar

El futuro tecnológico no está escrito. Se está configurando ahora, en las decisiones cotidianas de millones de creadores, emprendedores, científicos, responsables políticos y ciudadanos que eligen qué camino tomar. La tecnología desarrollada sin consciencia acaba reproduciendo dinámicas de control y dominación, convirtiéndose en un nuevo campo de disputa por el poder. Cuando se desarrolla con consciencia, en cambio, puede actuar como un potente acelerador del despertar colectivo.

Cada ciudadano también tiene poder. Cada clic, cada descarga, cada compra de un dispositivo o cada suscripción a una plataforma constituye un voto silencioso. Al elegir con consciencia, impulsamos tecnologías que expanden la vida, la lucidez y el bienestar. Al elegir de forma automática, seguimos sosteniendo aquellas que nos distraen, nos fragmentan o nos adormecen.

El verdadero salto tecnológico no consistirá en acceder a más información, sino en crear herramientas que nos ayuden a relacionarnos con mayor profundidad con nosotros mismos y con los demás. Tecnologías que no solo optimicen procesos, sino que amplíen la comprensión, la responsabilidad y el sentido.

Aquí reaparece el principio clave: IA + propósito = aliada del despertar de la consciencia y de la toma de decisiones conscientes o sabias. No se trata de una consigna teórica, sino de una brújula práctica. Nos recuerda que el futuro no dependerá tanto de la inteligencia de las máquinas como de la consciencia desde la que decidamos diseñarlas y utilizarlas.

La tecnología consciente no es únicamente una promesa de progreso. Es una condición de supervivencia, una fuente de sentido y una expresión viva de esperanza. «You are my hope».

Capítulo 28

Prácticas cotidianas de abundancia

La abundancia no es una teoría abstracta ni un ideal lejano: es una práctica diaria. Se encarna en lo cotidiano, en cada gesto y en cada elección. Cada día, cada decisión —por pequeña que parezca— refleja quién eres y hacia dónde eliges caminar: hacia la expansión o hacia la contracción, hacia la confianza o hacia el miedo. No hay neutralidad en la forma de vivir.

Este capítulo ofrece un mapa práctico que recoge las claves esenciales de este libro para que puedas llevarlas a tu vida cotidiana. Ofrece orientaciones vivas que te ayudan a alinear pensamiento, emoción y acción con una lógica de abundancia consciente.

Cada acción puede alinearse con la abundancia o con la escasez. La manera en que consumes, trabajas, te relacionas, decides y comunicas deja una huella que va más allá de lo personal. Este espejo te invita a mirarte con honestidad y a reconocerte:

Prácticas Cotidianas de Abundancia

Categoría	Expande	Contrae
Autoconocimiento	Saber quién eres, reconocer tus dones y trabajar tus sombras	Vivir en piloto automático, sin propósito, esclavo de creencias limitantes
Responsabilidad personal	Asumir que eres creador de tu vida, de tus decisiones y su impacto	Victimismo, culpar a otros o esperar que algo externo te salve
El camino largo	Elegir el proceso transformador, con paciencia, disciplina y profundidad	Buscar atajos fáciles, fórmulas mágicas, soluciones instantáneas
Amor y relaciones	Cultivar el amor como fuerza regeneradora, perdonar, agradecer	Rencor, envidia, competencia destructiva
Consumo y mercado	Apoyar productos y servicios que favorecen al bien común	Consumir por inercia, comodidad o moda, sosteniendo lo que destruye
Política y ciudadanía	Votar despierto, exigir coherencia, participar en el bien común	Voto dormido manipulado por la emoción, indiferencia o apatía
Tecnología	Usar herramientas que potencian la consciencia, el conocimiento y la equidad	Adicción digital, manipulación de datos, dominio y control
Comunicación	Contar las historias que inspiran y multiplican el bien	Callar los actos positivos, dejando el espacio a la narrativa del miedo
Gratitud y espiritualidad	Vivir la gratitud extrema, reconocer la vida como regalo, confiar en el flujo	Quejarse, enfocarse solo en lo que falta, negar lo recibido
Acción cotidiana	Coherencia entre lo lo que piensas, sientes, dices y haces	Incoherencia, doble discurso, indiferencia

Prácticas Cotidianas de Abundancia (*Continuación*)

Categoría	Expande	Contrae
El cuerpo y la naturaleza	Cuidar tu cuerpo como templo de la vida, y honrar la naturaleza como extension de ti mismo	Descuidar tu salud, depredar la tierra, actuar como si lo natural fuera infinito y desechable
Creatividad y propósito	Usar tu creatividad para aportar valor, innovar y servir al bien común	Emplear tu talento solo para acumular, competir o destruir
Elección diaria de identidad	Recordar que cada día eliges ser despierto, coherente y consciente	Dejarte arrastrar por inercias. emociones pasajeras o comodidad

1. El autoconocimiento
   - Expande: saber quién eres, reconocer tus dones y trabajar tus sombras.
   - Contrae: vivir en piloto automático, sin propósito, esclavo de creencias limitantes.

2. La responsabilidad personal
   - Expande: asumir que eres creador de tu vida, de tus decisiones y su impacto.
   - Contrae: victimismo, culpar a otros o esperar que algo externo te salve.

3. El camino largo
   - Expande: elegir el proceso transformador, con paciencia, disciplina y profundidad.
   - Contrae: buscar atajos fáciles, fórmulas mágicas, soluciones instantáneas.

4. Amor y relaciones
   - Expande: cultivar el amor como fuerza regeneradora, perdonar, agradecer.
   - Contrae: rencor, envidia, competencia destructiva.

5. Consumo y mercado
   - Expande: apoyar productos y servicios que favorecen al bien común.
   - Contrae: consumir por inercia, comodidad o moda, sosteniendo lo que destruye.

6. Política y ciudadanía
   - Expande: votar despierto, exigir coherencia, participar en el bien común.
   - Contrae: voto dormido manipulado por la emoción, indiferencia o apatía.

7. Tecnología
   - Expande: usar herramientas que potencian la consciencia, el conocimiento y la equidad.
   - Contrae: adicción digital, manipulación de datos, dominio y control.

8. Comunicación
   - Expande: contar las historias que inspiran y multiplican el bien.
   - Contrae: callar los actos positivos, dejando el espacio a la narrativa del miedo.

9. Gratitud y espiritualidad
   - Expande: vivir la gratitud extrema, reconocer la vida como regalo, confiar en el flujo.
   - Contrae: quejarse, enfocarse solo en lo que falta, negar lo recibido.

10. Acción cotidiana
    - Expande: coherencia entre lo que piensas, sientes, dices y haces.
    - Contrae: incoherencia, doble discurso, indiferencia.

11. El cuerpo y la naturaleza
    - Expande: cuidar tu cuerpo como templo de la vida, y honrar la naturaleza como extensión de ti mismo.
    - Contrae: descuidar tu salud, depredar la tierra, actuar como si lo natural fuera infinito y desechable.

12. Creatividad y propósito
    - Expande: usar tu creatividad para aportar valor, innovar y servir al bien común.
    - Contrae: emplear tu talento solo para acumular, competir o destruir.

13. Elección diaria de identidad
    - Expande: recordar que cada día eliges ser despierto, coherente y consciente.
    - Contrae: dejarte arrastrar por inercias, emociones pasajeras o comodidad.

La abundancia se construye en la elección diaria de quién quieres ser. Puedes ser una persona despierta que expande la vida o una persona dormida que la contrae. Esa elección, repetida cada día, es la semilla de tu destino y de nuestro futuro común.

La abundancia no es un destino; es un reflejo de ti mismo. Mírate con honestidad, elige la expansión y recuerda: «You are my hope».

Capítulo 29

La abundancia como destino de la humanidad

La historia de la humanidad puede leerse como una sucesión de saltos de consciencia. Cada época, con sus avances y sus caídas, ha ampliado los límites de lo que somos capaces de percibir, imaginar y construir como especie. Desde el surgimiento del lenguaje y la cooperación tribal, pasando por las grandes tradiciones espirituales, la ciencia moderna y los derechos humanos, cada salto ha ampliado el círculo de lo que consideramos digno de cuidado y pertenencia. Hoy, todos esos pasos parecen converger hacia un mismo horizonte: el despertar de la consciencia como condición para una abundancia compartida.

Un estadio en el que la supervivencia deja de ser el eje central y la vida puede organizarse desde la cooperación, la responsabilidad y el cuidado mutuo.

1. La evolución histórica de la humanidad

El ser humano comenzó en la lucha por la supervivencia, guiado por el instinto y la necesidad inmediata. Con el tiempo, emergieron las primeras comunidades, la agricultura, el comercio y las ciudades. La Edad Media se aferró a visiones religiosas rígidas, mientras que el Renacimiento abrió la puerta a la ciencia, el arte y la razón. La Revolución Industrial transformó el mundo en una carrera por la productividad y el dominio de la naturaleza.

Hoy, la era digital ha conectado al planeta entero en una red de información y poder sin precedentes. Y, sin embargo, ese progreso material no ha resuelto nuestras preguntas esenciales: ¿quiénes somos?, ¿para qué vivimos?, ¿cómo convivimos? La tecnología, la ciencia y la economía nos han dado velocidad, pero no dirección. Ese vacío de sentido más los graves problemas generados son la antesala del despertar de la consciencia.

En la raíz de todas las tradiciones espirituales —desde Cristo, para mí el hijo de Dios, hasta Buda; desde los profetas bíblicos hasta los sabios sufíes o taoístas— late una misma visión de la humanidad reconciliada con la vida donde prevalece la justicia, el amor y la compasión. Todos apuntan, desde su lenguaje propio, a la misma revelación: la abundancia como destino espiritual y material de la humanidad.

2. LA ERA DEL DESPERTAR DE LA CONSCIENCIA

Estamos al inicio de una nueva etapa evolutiva: la del despertar de la consciencia. Todavía somos minoría los que buscamos vivir despiertos y por eso muchos nos ven como locos. Pero llegará un día en que la lógica se invertirá. Cuando los dormidos sean la excepción y los despiertos la mayoría.

No sabemos cuánto durará esta era. Puede que sea un proceso lento de siglos o un salto rápido acelerado por múltiples factores. Lo cierto es que ya ha empezado y es irreversible. Son muchos los líderes trabajando por el despertar de la consciencia de las personas. Algunos reales y otros por moda, pero está pasando.

Cada persona que despierta se convierte en una espiral de transformación, en energía que expande y contagia. Hasta alcanzar el punto de inflexión *(tipping point)* donde la consciencia colectiva se exprese continuamente hacia un futuro de inclusión, generosidad, regeneración y amor.

La abundancia como destino consiste en descubrir la vastedad de nuestro mundo interior.

3. Los críticos de la abundancia

Toda transformación profunda despierta oposición. Los privilegiados temen perder su poder; los incrédulos creen que la naturaleza humana es egoísta e inmutable.

A los primeros les digo que sus privilegios están más en riesgo con el actual sistema al borde del colapso que con un modelo regenerativo que genere abundancia, o al menos suficiencia, para todos. Si el barco se hunde, se hunde para todos.

A los segundos, que la historia ya desmintió ese dogma. Si el ser humano fuera solo egoísta, jamás habríamos creado familias, comunidades, naciones, arte, música, religión, etc.

Cada persona que despierta se convierte en un faro de transformación y su energía contagia hasta alcanzar el punto de inflexión colectivo.

4. El dinero como acelerador del despertar

Durante milenios, el dinero ha sido solo símbolo de poder, codicia y acumulación. Ha estado al servicio del egoísmo y de la escasez. Pero, paradójicamente, el dinero puede convertirse en el gran acelerador del despertar colectivo.

Como en el taichí, se trata de usar la fuerza del contrario para lograr un propósito mayor. No se trata de luchar contra el mercado, sino de redirigirlo hacia la consciencia. Cada compra, cada inversión, cada voto de confianza económico puede convertirse en un círculo virtuoso que premie lo que regenera y desplace lo que destruye.

5. La visión espiritual de la abundancia

Todas las religiones y filosofías han vislumbrado un mismo futuro. Un mundo de abundancia espiritual y material donde el amor sea la ley suprema. El profeta Isaías habló de la tierra llena del conocimiento de Dios como las aguas cubren el mar. Jesús proclamó el Reino de Dios como un estado de justicia y plenitud. El budismo nos recuerda que la verdadera riqueza es el despertar interior. El taoísmo nos enseña a fluir con el tao, la abundancia de la vida.

Ese destino, que parecía lejano y reservado a los cielos, hoy está en nuestras manos. La abundancia como destino de la humanidad no es un milagro divino; es una decisión colectiva.

6. Conclusión: el salto evolutivo

El próximo paso de la humanidad no será conquistar más territorio ni acumular más riqueza; será despertar a la abundancia que siempre estuvo dentro de nosotros. El salto evolutivo es interior y colectivo.

Habrá resistencia, habrá retrocesos, pero la dirección está marcada. Hasta que no seamos mayoría, seguiremos siendo los locos. Pero llegará el día en que los dormidos sean la excepción y la abundancia la norma.

La abundancia es la próxima etapa de nuestra evolución y vive en el presente de quienes despiertan.

La abundancia eres tú, somos nosotros, y es el destino de la humanidad. «You are my hope».

Capítulo 30

You are my hope

Este es un libro para abrir: la mirada, el corazón y la acción. Abre la posibilidad de un futuro más humano, más justo y verdaderamente regenerativo, y ofrece puertas que invitan a ser cruzadas con presencia y responsabilidad.

Es una contribución a la era del despertar de la consciencia, a este segundo renacimiento que comienza a gestarse en lo cotidiano y que está llamado a germinar en la vida diaria de cada persona. La abundancia no es un sueño lejano ni una promesa abstracta: es una elección que se construye día a día, en decisiones pequeñas y coherentes.

Aunque a lo largo de estas páginas hemos recorrido conceptos, ejemplos y reflexiones, todo converge en un punto simple y poderoso: tú. Elige cada día ser una persona despierta que desea expandir la vida, porque en esa elección cotidiana comienza el futuro que estamos llamados a crear.

1. La acción personal: despertar y actuar

El despertar de la consciencia no es una experiencia mística reservada para unos pocos ni un estado excepcional que se alcanza una vez y para siempre. Es, ante todo, un acto cotidiano de elección responsable. No habla de perfección, sino de coherencia sostenida en el tiempo; de alinear pensamiento, emoción y acción una y otra vez.

El cambio que anhelas no comienza fuera, comienza en ti. Cuando decides vivir como una persona despierta, tus decisiones —por pequeñas que parezcan— se convierten en referencia y en faro para otros. Y cuando millones de faros se encienden al mismo tiempo, ninguna oscuridad puede prevalecer. La consciencia se expande así: de vida en vida, de gesto en gesto.

2. La acción colectiva: personas, empresas e instituciones

El despertar de la consciencia no es solo un viaje individual. Para que la abundancia se encarne de forma real y duradera, es imprescindible que también las empresas y las instituciones políticas se sumen a este cambio de paradigma. La transformación personal necesita estructuras que la sostengan y la amplifiquen.

Las empresas con propósito actúan como semillas de una nueva economía, capaces de demostrar que es posible generar valor cuidando a las personas y al planeta. Las políticas públicas conscientes, por su parte, crean el marco que permite que millones de personas avancen en una misma dirección. El círculo virtuoso entre consumidor y elector consciente, desarrollado a lo largo de este libro, encuentra aquí su sentido profundo: juntos, podemos regenerar tanto el mercado como la política y devolverles su función al servicio del bien común.

3. UNA OLA EXPANSIVA

Este libro continúa más allá de sus páginas: marca un punto de partida. De esa misma intención nace el pódcast *You are my hope*, un espacio de encuentro donde escucharemos a líderes, soñadores y hacedores que ya están recorriendo el sendero de la abundancia consciente. Será una ola expansiva que dará voz a quienes inspiran con su ejemplo e invitará a cada vez más personas a sumarse al despertar.

Necesitamos que el bien deje de susurrar y empiece a expresarse con inteligencia, belleza y coherencia. Necesitamos que las historias de regeneración y propósito circulen, porque cada testimonio encendido multiplica la esperanza. Cuando las voces del bien se encuentran y se reconocen, se transforman en un coro imposible de silenciar.

La ola expansiva del bien no se financiará con la propaganda del miedo ni con la división, sino con dinero y recursos alineados con el propósito. Toda inversión orientada a proyectos que expanden la vida se convierte en un acelerador del despertar. Allí donde se unen consciencia, acción y cooperación, la abundancia deja de ser una promesa y empieza a hacerse realidad.

Ola Expansiva: Individuo→Empresa→Política→Humanidad

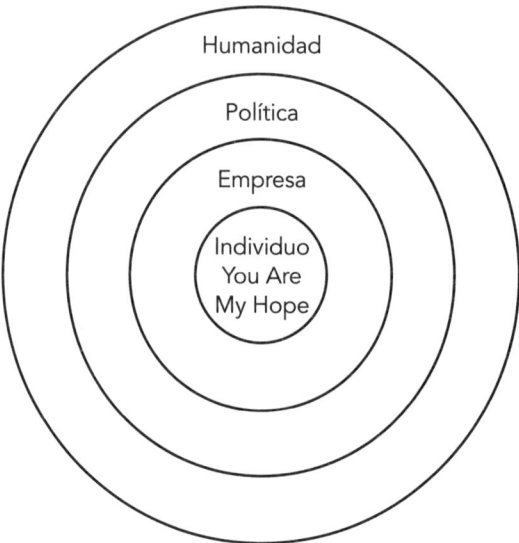

Cada acción consciente se expande en círculos, transformando primero al individuo, luego a las empresas, después a la política y finalmente a la humanidad entera.

4. Compromisos mínimos (treinta días):
DEL DECIR AL HACER

Este es tu arranque corto para que la abundancia baje a tierra. Durante treinta días:

- Decide con firmeza cambiar y ser parte de la nueva economía.
- Compra con consciencia (diario): Elige al menos un producto/servicio que favorezca a las personas y a la naturaleza; evita uno que no.

- Vota con tu atención (diario): Sustituye diez minutos de noticia tóxica por diez minutos de aprendizaje/esperanza.
- Gratitud extrema (diario): Escribe tres agradecimientos concretos antes de dormir.
- Comunica el bien (semanal): Comparte una historia positiva con tu círculo (familia, trabajo, redes).
- Servicio (semanal): Ofrece una hora de ayuda real (mentoría, voluntariado, apoyo vecinal).
- Silencio/Presencia (diario): 5-10 minutos sin pantallas, respirando, habitando tu cuerpo.
- Consumo digital (diario): Coloca un límite de tiempo a la *app* que más te distrae; úsala un 20 por ciento menos.
- Dinero con propósito (semanal): Dirige una pequeña cantidad a un proyecto/regeneración (porcentaje, no monto).
- Diálogo valiente (quincenal): Ten una conversación honesta (breve, respetuosa) sobre un tema de bien común.
- Revisión (día 30). Evalúa: ¿qué expandió tu vida? ¿qué contrae? Decide un hábito que mantener noventa días más.

Tres indicadores simples: las horas de atención consciente ganadas, el porcentaje de compras alineadas y los momentos de gratitud escritos.

5. Conclusión: la esperanza eres tú

El próximo gran paso de la humanidad no será tecnológico ni militar. Será interior. Será espiritual en el sentido más profundo de la palabra: el despertar de la consciencia. No como evasión de la realidad, sino como una forma más lúcida y responsable de habitarla. Ese despertar no pertenece a un mañana incierto ni a una élite iluminada. Empieza ahora, en lo cotidiano; y empieza en ti.

A lo largo de estas páginas hemos visto que la abundancia es coherencia; es vivir mejor y con mayor sentido. Hemos comprendido que la economía sana se sostiene en relaciones sanas y que el progreso real se apoya en el amor, la consciencia y la responsabilidad. Que el liderazgo consciente transforma organizaciones, que la educación moldea civilizaciones, que la comunicación multiplica el bien y que la tecnología, guiada por propósito, puede convertirse en aliada del despertar colectivo. Todo converge en una misma verdad sencilla y exigente: el cambio no ocurre fuera; ocurre a través de las personas cuando deciden vivir despiertas.

Este libro no es una promesa ni un manual cerrado. Es un llamado. Un llamado a levantarte cada día recordando que el mundo cambia con tu acción, con tus decisiones, con la forma en que consumes, trabajas, votas, te relacionas y comunicas. La abundancia no es un destino lejano al que se llega algún día; es el reflejo directo de tu coherencia cotidiana. Cuando eliges despertar, eliges expandir la vida. Cuando eliges actuar desde la consciencia, eliges sembrar esperanza allí donde antes había miedo, escasez o resignación.

La abundancia es un destino posible de la humanidad cuando aprende a cooperar, a cuidar y a crear desde un nivel más profundo de consciencia. Ese destino comienza contigo, aquí y ahora. No es tiempo de esperar señales externas ni de delegar la responsabilidad. El camino eres tú. El mundo espera tu luz.

«You are my hope».

VIVIR EN EL ALMA

Amar lo que es, amar lo que somos y amar a los que son

JOAN GARRIGA

Un manual para quienes han amado, perdido y renacido. Una llamada a reconciliarse con la vida en su plenitud. Una invitación a sentir la paz que nace de la sabiduría

¿DÓNDE ESTÁN LAS MONEDAS?

Las claves del vínculo logrado entre hijos y padres

JOAN GARRIGA

¿Dónde están las monedas? ofrece nuevas perspectivas para el alma, tanto a los que sufren al pensar en sus padres como a los que lo hacen con gratitud. Habla el lenguaje de la reconciliación y de la paz.

EN ESTA MISMA EDITORIAL

FELICIDAD QUE PERMANECE

**Lo esencial
de las Constelaciones Familiares**

BERT HELLINGER

En *Felicidad que permanece*, Bert Hellinger nos conmueve de nuevo apuntando hacia un lugar en el que por mediación del espíritu, la felicidad que tanto anhelamos se vuelve sencilla, asequible y luminosa para todos.

TU NUEVA FORMA DE AMAR

**Libérate de los bucles
que dañan tus relaciones**

DAVID BLANCO

Aprende a amar, vivir y relacionarte con más seguridad, libertad y conciencia, y transforma tus heridas emocionales en vínculos sanos

UNA VIDA CON SENTIDO

El arte de escuchar a tu psique

JAMES HOLLIS

Una invitación a escuchar la propia voz interior para emprender un viaje al centro del propósito, donde la psicología se vuelve sabiduría y la vida, revelación

LA VERDAD INTERIOR

**Filosofía existencial
para una vida consciente**

SERGIO FORGAS BERDET

Un viaje al corazón de lo que somos: filosofía y terapia se unen para guiarnos en el arte de vivir con presencia, libertad y autenticidad